「小1のカベ」に勝つ

学童保育、習い事、宿題、遊び、働く親の抱える放課後のあらゆる「困った」に答えます！

保育園を考える親の会編著

実務教育出版

「小１のカベ」マップ（放課後生活）……6

本書の使い方・用語解説……8

「小１のカベ」とは何か？

01 小学校入学で現れる5つのカベ……10

02 保育園と小学校の違いにカルチャーショック……14

03 「自立」への離陸のために……18

データ1 学童保育の数と待機児童数……22

データ2 学童保育の終了時刻……22

小学校生活・放課後生活はどんなふう？

01 入学前に勉強の準備は必要か ……24

02 学校生活の基礎知識 ……28

03 1年生の勉強はどう進むのか ……32

04 家庭で必要な親のサポート ……36

05 放課後の居場所にはどんな種類がある？ ……40

06 学童保育と全児童対策事業はどう違う？ ……44

07 放課後の居場所は選べるか？ ……50

08 放課後生活はどんなふう？ ……54

09 学童保育に親のお迎えは必要？ ……60

10 学童保育は全員入れるのか？ ……64

11 障害をもつ子どもの入学・学童保育は？ ……68

データ3 学童保育（放課後児童クラブ）の基準 ……72

つまずく31のポイントと対策

01 保育園よりも学童保育の時間が短い……74

02 同じ小学校へ行く保育園友だちがいない……78

03 登下校が不安……82

04 入学前に身につけたい子どもの生活スキル……86

05 保育園から学童保育、そして給食開始まで……90

06 学校行事への親参加どうする？……94

07 担任とのコミュニケーションで困ったら？……98

08 毎日出る宿題、どうフォローする？……102

09 忘れ物対策（授業に必要なもの）……106

10 忘れ物対策（たくさんの持ち物）……110

11 授業参観・保護者会でのチェックポイント……114

12 PTAにどう参加するか？……118

13 登校班・パトロールのお当番はどうする？……122

14 親同士・地域のおつきあい……126

15 父親の学校での出番をどうする？ 130
16 不審者、災害、警報のときどうする？ 134
17 「なぜお母さんは家にいないの？」と聞かれたら 138
18 留守番をする時間がある 142
19 留守番で起こりがちなトラブル対策 146
20 指導員とのコミュニケーションはどうする？ 150
21 子どもがお友だち関係でトラブル 154
22 夏休み中、親が先に家を出る 158
23 夏休みのお弁当づくり 162
24 保育園児と学童児がいるときの両立術 166
25 習い事や塾に通いたいとき 170
26 学童保育に行きたくないと言われたら？ 174
27 子どもが病気やケガのときは？ 178
28 学級閉鎖のとき学童保育は？ 182
29 学童保育の父母会って？ 186
30 学童保育を卒業するとき、させられるとき 190
31 元・学童保育児に聞いた「今だから言える」 194

あとがき 199

「小1のカベ」マップ（放課後生活）

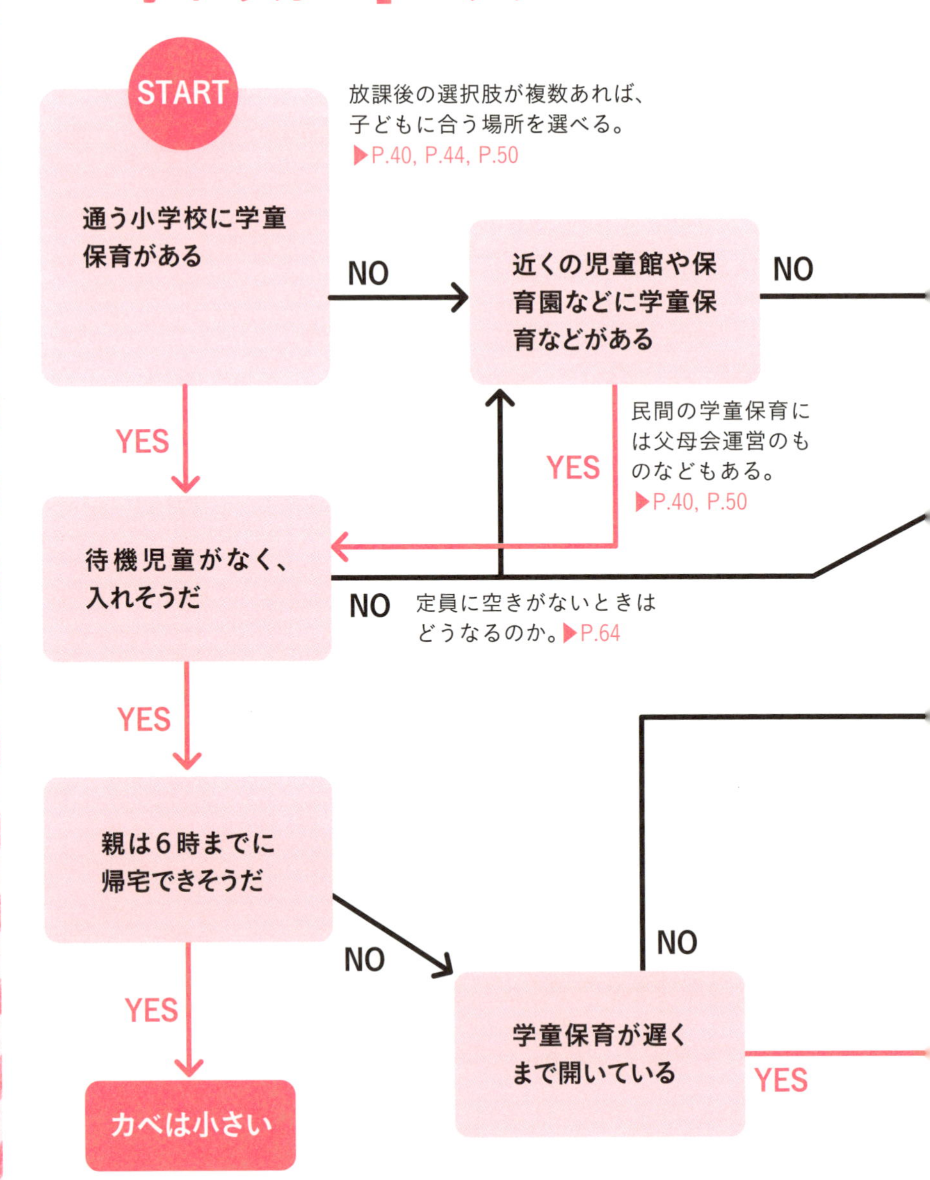

＊ここでは放課後生活だけをとり上げましたが、本書ではこのほか「学校生活」のカベについても対策を解説しています。

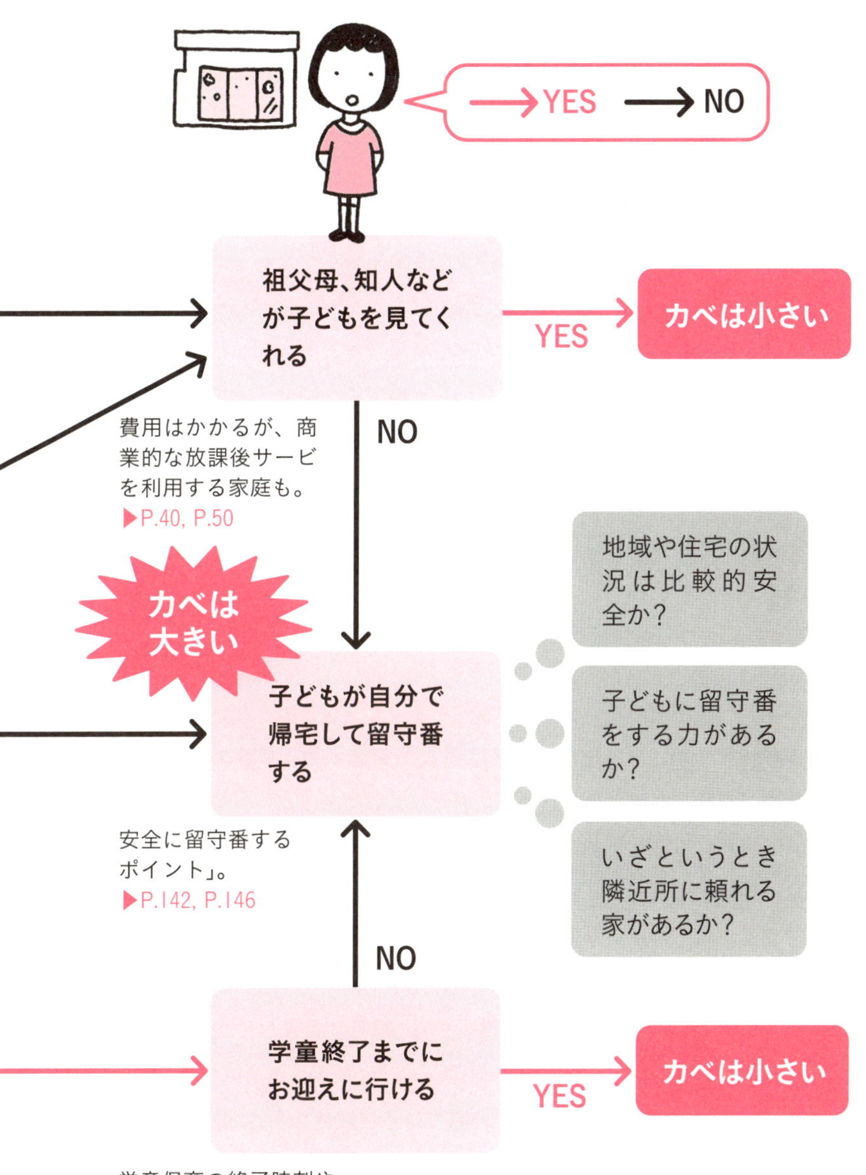

本書の使い方

子どもが小学校に入学すれば、保育園時代よりもラクになるのではないかと思いきや、そうはいかない現実があります。「小1のカベ」という言葉を聞き、いったい何が待っているのかと心配になっている人も多いでしょう。

本書は、働く親のための「小1のカベ」対策本です。小学校入学後、どんなカベがあるのか、それに対してどんな対応策があるのかを、たくさんの先輩たちの体験をもとに解説しています。つまずきやすいポイントごとに集められた解説（point）や体験（うちの場合）を読めば、いろいろな状況があり、親子の事情によっても、1つではない対応策や考え方があることがわかります。

本書で、未知の小学校・学童保育ワールドの実際を理解し、これからぶつかるかもしれない「カベ」に心の準備と具体的な対応策の準備をしておくことをお勧めします。

用語解説

学童保育　親が働いているなどで家庭が子どもを保護できない場合に小学生が放課後を過ごせる施設（部屋）。正式な制度名は、放課後児童健全育成事業（放課後児童クラブ）＝厚生労働省管轄であるが、一般に「学童保育」と言われることが多いので、本書では「学童保育」に統一した。実際には、自治体によって「学童クラブ」「児童クラブ」「育成室」など名称はさまざま。親たちは「学童」と呼んだりしている。

全児童対策（事業）　働いている親の家庭に限らず、すべての子どもを対象とした事業であるため「全児童対策」と呼ばれる。都市部では、「全児童対策」の中に「学童保育」が設けられている自治体も多い。自治体によって「すまいるスクール」「新BOP」「子どもスキップ」などさまざまな名称がある。文部科学省との連携事業「放課後子ども総合プラン」もこれに含まれる（基本編5・6を参照）。

入門編

「小1のカベ」とは何か？

入門編

01

小学校入学で現れる5つのカベ

- 「小1のカベ」は単に保育時間の問題ではない。
- 子どもが安心できる放課後の居場所が必要。
- 親の忍耐と時間が必要な局面がある。

「小１のカベ」という言葉は、人によっていろいろな意味でつかわれています。一般的によく言われるのは、次の２つです。

カベ1 **学童保育の不足**　共働き世帯が増えている今、保育園と同様、学童保育が不足していくのは明らか。安心して過ごせる放課後の居場所が足りない地域では、それが**カベ**になる。

カベ2 **学童保育が早く終わる**　保育園は夜７時～８時ごろまでの延長保育が普及しているのに、学童保育は夜６時～６時30分ごろまでのところが多く、保護者のお迎えが間に合わない。子どもを留守番させる不安が大きく、それが**カベ**になる。

カベ1 の解消のために、国は2019年度末までに学童保育を30万人分拡充する計画を掲げています。2013年度の待機児童数は、全国で9,945人と発表されていますが（22ページ・データ１参照）、このほかにも把握されていない潜在待機児童数があると言われています。また定員を設けていない全児童対策事業（**基本編５・６**参照）で子どもの環境がどうなっているのかも気になります。本書では、**基本編10**で学童保育への入所事情や体験談を取り上げています。

カベ2 への対策として、学童保育を夜７時ごろまで開所する自治体も増えてきました（22ページ・データ２参照）。本書では、学童保育へのお迎え対策、子どもの留守番対策を**基本編９**、**実践編18・19**などで細かく取り上げています。

今後も学童保育の開所時間は延長される方向にあります。ただし、学童保育の時間延長が問題を解決するかというと、ＮＯです。それが、次の**カベ**です。

カベ3 **家庭での時間がどうしても必要**　小学生になると、家庭で子ども自身が「明日の準備」をしたり宿題をしたりしなければならない。ここに入学前には気がつかなかったカベがある。

カベ4 **「小学校ショック」**　小学校は勉強する場。保育園とは、子どもへの目の届き具合、家庭に求めるものなどが違っている。それが親を不安にし、カベになる。

入学する前から、カベ3について覚悟しておくことが必要です。時間がないときは親がやってあげて帳尻合わせができた保育園時代とは事情が違います。また、幼児の延長線上の１年生は、計画的に物事を進めたり、複数のことを漏れなく管理したりする力はまだありません。親には時間と忍耐が必要になります。

カベ4は、保育園から入学した親が口をそろえて言うことです。入学して最初に担任の先生の話を聞いたとき、多くの親がカルチャーショックを受けています。

でも、やがては親も子どもも小学校ワールドになじみ、生き抜く知恵が身につきます。そして子どもは成長し、自立します。本書では、その間のドタバタの体験記と、その中で親たちが見つけた苦肉の策を紹介しています。

カベ5 **放課後の居場所の質への不安**　学童保育や全児童対策事業のあり方はさまざま。それらの放課後の居場所が子どもにとって安心できるものとなっていないとわかったとき、それは大きなカベになる。

学童保育や全児童対策事業などは、子どもが安心できる居場所でなければならないのは言うまでもないことです。ところが、施設・

事業によっては、指導員の質が低かったり、不特定多数が出入りする喧噪な場となっていたりすることもあります。そんなとき、子どもは「学童保育に行きたくない」というかもしれません。行きたくない理由は、家庭で解決可能であることも多いのですが（**実践編26**）、学童保育の質にかかわる問題であるときは、保護者は、父母会や個人として施設や自治体に要望を伝えていくことも必要になります（**基本編6・8**）。

2015年度から放課後児童クラブ（学童保育）の基準も定められ、国としても質の向上に取り組むことになっています。保護者として問題に思うことは、子どものためにしっかり伝えてよいと思います。

COLUMN 新制度でどう変わる？

2015年度からの子ども・子育て支援新制度で、学童保育（放課後児童クラブ）の制度も次の点が変わりました。ただし、地域の事情によって自治体ごとに違う部分もあります。

①今まで「おおむね10歳未満」（小学校3年生以下）だった対象が、6年生までに広がった。

②今まで全国一律の基準が定められていなかったが、定員規模や指導員の配置などの基準が定められた。

入門編

02

保育園と小学校の違いにカルチャーショック

- 「先生」の視点が違う。
- 家庭の役割が違う。
- 教育の手法が違う。

小学校に入学した当初、保育園との違いにカルチャーショックを受ける人は多いでしょう。それは、何より、小学校と保育園の役割の違いに由来することも多いのです。

①学習の指導を主とするスタンス

保育園は生活の場ですが、小学校は教育の場です。そのため、学習面を中心に子どもを指導するというとらえ方になり、一人ひとりの子どもの生活や遊び全般について見てくれていた保育園に比べて突き放されたように感じられることも多いのです。もちろん学校も１年生に対しては、授業中以外もいろいろと気をつけてくれて何かあれば連絡してくれますが、「子育ての伴走者」だった保育園とはやはりスタンスが違っています。

これはやむをえないことです。成長とともに子どもも自立しますので、学校・子ども・家庭の距離感がとれてきます。

②保護者には家庭学習をサポートする役割が

「ゆとり教育」を反省する時代になってから宿題が増えたとも言われています。授業の進め方や宿題の有無・量などは先生によってさまざまですが、１年生に対しても家庭でしっかり宿題や持ち物のフォローをすることが求められるようになってきています。働く親は忙しく、この対応にパニックになりがちです。本書が強い味方になります。

③母親が働いている、父親も保護者、という前提に乏しい

保育園は母親も働いていることが前提でしたが、小学校は違います。親が働いている家庭のことが配慮されていないとか、父親を相手にしていないと感じる場面は、少なくなりましたが、まだあるでしょう。気がついてほしいことがあったら、失礼のないように先生

に伝えてよいと思います。

④子どもにとってのカルチャーショック

子どもにとってのカルチャーショックは、就学前教育と小学校教育の手法の違いかもしれません。自由な遊びを通して教育を行う幼稚園・保育園の教育手法と、45分間机に向かって座わり教科教育をする小学校の教育手法の違いが大きすぎることが、今、反省されています。そのため「幼保小連携」が進められていて、就学前に幼稚園・保育園で小学生との交流や学校体験をとり入れたり、入学後も1年生の間は体験的な授業を多く行うなどの工夫がされています。家では「説教抜き」で子どもの話を聞き、授業でやっていることに親も興味をもったり、取り組んだことをほめたりして、さりげなく応援しましょう。

うちの場合

厳しい先生にあたると……

保育園はあたたかく成長を見守る場、学校はある程度「従う（特に集団行動）」が求められる場、ということを思い知らされることが多くありました。担任にもよりますが、厳しすぎる先生に当たってしまうと、かなり窮屈な思いをします。なかには、「だから保育園の子は」と子どもに言う先生もいたようです。反対に「保育園のお子さんは、生活は自立できているし、何か集団で行動する場合でも私たちが助かることは多いんですよ。大丈夫」と言ってくださる先生もいました。

ステレオタイプ的な評判に振り回されることなく、ただ基本的なルールは守ること（休みの連絡、宿題の提出、プリントに目を通す等）ができるようになっていけば、次第に小学校生活に慣れていけます。私の場合、むしろＰＴＡの雰囲気のほうが、カルチャーショックが大きかったけれど、それでも人間不思議と慣れちゃうものです。世の中いろんな人がいるんだなあ、と楽しめるようになってからは気が楽になりました。

うちの場合

生活時間を変えよう

わが家は私たち親の仕事の都合で、完全に夜型生活でした。仕事が朝10時からなので保育園も９時から。ですので、朝は８時に起こせば楽勝な毎日だったのですが……。当たり前ですが、学校は８時過ぎには始まります。年長の冬休みあたりから、なんとか早寝早起き生活に切り替えようと努力しましたが、子どもより親が慣れずにしょっちゅう挫折。

そして始まった学校＆学童生活。早起きな上にお昼寝もなくなった息子は、毎日夕ご飯食べながら爆睡……。慣れるまで１学期丸々かかりました。保育園によってはかなり夜遅い時間まで預かってくれるところもありますが、学校が始まるとそのペースで生活するのは困難です。それぞれお仕事の都合はいろいろあるでしょうが、早いうちから「子どもの学校生活に合わせた生活パターン」に切り替えることを心からお勧めします。

入門編

03

「自立」への離陸のために

- 子どもの成長はそれぞれ。
- わが子の力量を見きわめて任せる。
- 心配しすぎず、放任しすぎず。

子どもはいつかは自立しなければなりません。親が、すべて管理し守っていては、子どもは自立するチャンスを失ってしまうでしょう。小さな失敗を重ねながら、子どもは社会を生き抜く力を身につけていくのだと思います。

子どもが安全・安心を守られながら、自分のペースで自立していくために、親は何をどの程度ケアし、何をどの程度子どもに任せるのか、実際には難しいことがたくさんあります。本書の基本編、実践編で、さまざまな家庭、さまざまな子どもの知恵や体験が満載されていますので、「何をどの程度」のバリエーションをいろいろ見て参考にしてください。

[子どもの自立を考えるときのヒント]

①子どもの育ちのペースは一人ひとり違う

早いばかりがいいわけではありません。じっくり大器晩成型の子どももいます。焦りは禁物。

②子どもに任せる勇気も必要

子どもの力に応じて、子どもに任せる勇気も必要です。同時に、子どもの力で解決できないような大事に至らないように大人の目配りも求められます。

③子ども同士はケンカもしながら成長する

子どもはケンカしながら人間関係力や自己抑制力を身につけます。親の過剰介入にならないように気をつけて。心配なときは、学校の担任や学童保育の指導員と相談しましょう。

④子どもの安全確保の最後のカギは「人」

住宅のセキュリティ技術、通信機器の進歩などで、子どもの安全は守られやすくなっていますが、何より「地域のつながり」は重要。隣近所、親同士の関係にたくさん助けられます。

⑤離陸までの間の子どもの居場所を安心できるものに

就労家庭の子どもにとって、学童保育が家庭に代わる居場所。子どもはやがて成長して学童保育を卒業し、地域や家庭で自由に過ごすようになりますが、それまでの間の助走を支える存在としての学童保育の環境は重要。親も関心をもつ必要があります。

うちの場合

だんだんに成長する

自分でカギを閉めて、学校に間に合うように出かける。自分で帰ってきて、大人が帰るまでの時間を事故なく過ごせる。これが、自立の第一歩です。次に、身のまわりの支度、学校の支度、宿題ができる、家の手伝いができる、少しは緊急対応ができる……と進んでいくのでしょうか。

私は、大人にとっては些細なことでも、相談する子どもの立場に立って、相談したことを叱らないようにしました。子どもが相談しやすいと、断片的でもいろいろな情報が入ってきやすいです。また、あまり考えたくはありませんが、事件に巻き込まれたときにフォローしやすい土壌が育ちます。

うちの場合

子どもの話を聞く工夫

子どもの状況を知るために、とにかく子どもの話を聞くことはとても大切だと思います。わが家は夕食のときテレビをつけずになるべく家族で話をするようにしています。また、おフロタイム、寝かしつけタイム（下の子はまだ添い寝が必要）に、学校での話がいろいろ出てくることがあります。「説教」抜きで、共感しながら聞くのが話を引き出すコツです。

うちの場合

段階的に大人の管理から自立する

子どもの自立にとって、親との間合いはどのくらいがいいのかは永遠のテーマです。部屋を片づけなさいと何度も言うより、親が自分でとっとと片づけたほうがどれほど早くすっきりするかと思うこともあると思います。

わが家の場合、親が「育てよう」と一辺倒になるのでなく、大変なときは親が白旗をあげてしまうことがあります。「お母さん、仕事でとても疲れているから、お風呂掃除やってくれたらうれしい」「衣類をたたんでおいてくれると助かる」と子どもにヘルプを出すと、子どもも察していろいろやってくれます。小学生のうちは、まだまだ親に甘えたい気持ちが大きく、そして、親に気をつかう部分もあります。

自立を促すために何かしかけるとか、何歳だからどこまでできなくてはいけないなんて堅く考えてストレスになるよりは、手伝ってもらうなどして、普通にコミュニケーションをとっていれば、子どもは親の姿を見て自然に自立していくのではないでしょうか。

学童保育の数と待機児童数

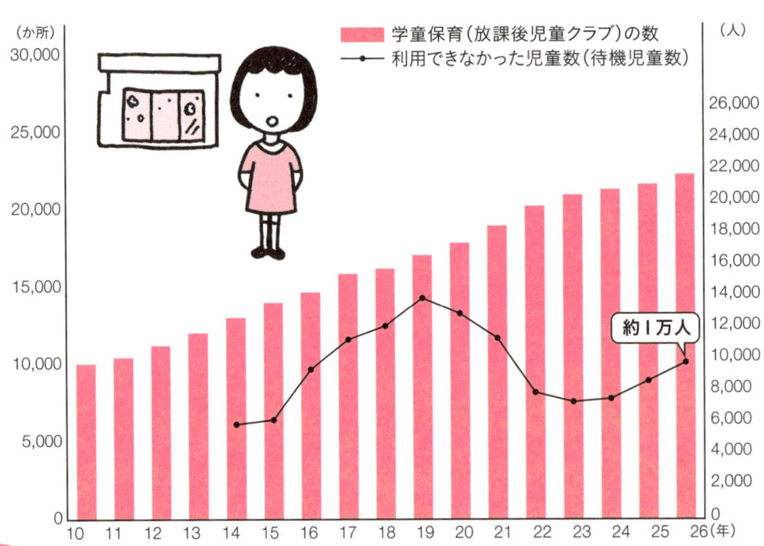

データ
2

学童保育の終了時刻

学童保育（放課後児童クラブ）22,082か所に占める割合

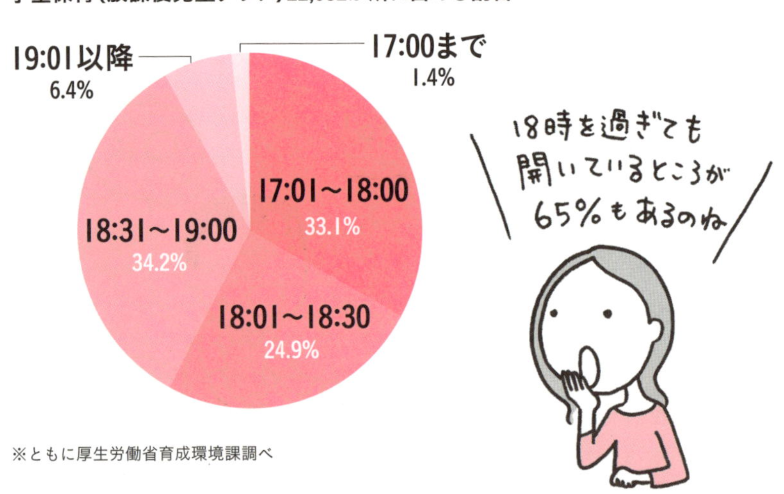

※ともに厚生労働省育成環境課調べ

基本編

小学校生活・放課後生活はどんなふう?

入学前に勉強の準備は必要か

- 授業は読み書きができないことが前提で始まる。
- 無理強いは禁物。
- 子どもの関心に寄り添う。

Point 「1年生の勉強はどう進むのか」でもふれますが、読み書きはできないことが前提で授業は始まります。しかし、就学を控えた年長さんにひらがなや数字の読み方、時計の見方などにふれる機会を作っている幼稚園や保育園も多く、まったくなんの文字も数字も読めずに入学する子どもは少なくなっています。

教科書の内容の準備という意味での勉強の準備は、子どもが入学後の勉強に不安を抱いている場合に、その不安を取り除くという意味ではよいことだと思います。

でも、「小学生になるんだから」と親が脅かしすぎて「学校に行くのがいやだなー」と感じてしまったり、無理強いになってしまって勉強するのが苦痛になっては元も子もありません。

必要か否か……という問いに対しての答えはとても難しいのですが、子どもが小学校での学習に興味を抱いているのであれば、「やってみる？」ぐらいの感覚でするのはよいと思います。

うちの場合

子どもの関心に親も寄り添う

保育園では、年長組になるとお昼寝の時間を短縮していくなど、入学の準備を考えた保育を行っています。また、学校見学に行ったりして、子どもたちに学校での生活をイメージできるようにしていくそうです。

入学前に勉強が必要かということですが、自分の名前が書けたほうがいいという話もありますが、下手に教えてしまうと子どもは字を形から覚えてしまい、書き順がおろそかになるので無理に教えなくてもいい、と保育士さんから聞きました。

児童館併設の学童だったので、子どもたちは学童という「おうち」に「帰宅」して、児童館に遊びに行く、という形になります。そのため、まず児童館の「入館票」を書かなくてはならず、学童では最初にまず入館票を書く練習をしていました。

勉強の準備にはそれほど力を入れず、保育園、学校、学童に委ねて、家では子どもの関心があれば親も一緒に寄り添ってあげることでいいのではないでしょうか。

うちの場合

何よりも学校生活に慣れることが肝心

登校すると子どもたちは、自分のクラスの自分の出席番号の下駄箱へ靴をしまい、上靴に履き替え、「○ねん△くみ」と示された自分の教室に入ります。ランドセルや体操服などは、それぞれ決められた場所のロッカーやフックにしまいます。ロッカーなどは、出席番号だけ書かれている場合と、名前も書かれている場合があるようです。これは１人で行いますから、ひらがなと数字は入学前に読めたほうがよいでしょう。

授業ではまず、数字とひらがなを書く練習から始めますから、書くほうは焦らなくても大丈夫。息子の小学校では、入学して最初の１か月間、６年生が１年生に付き添い、始業前・休み時間・給食の時、細やかに世話をしていました。何よりも学校生活に慣れること、自分の身のまわりのことは自分でできるようになることに重点を置いていたようです。

絵を描くのが好きな子なら、机で描いて後片づけは自分でさせる。おしゃべりしているとき、ほかの人の話に割り込んだりせず、最後まで人の話を聞く。学校での学習態度や姿勢にすんなりなじめるよう、生活の中でこうした積み重ねをしていれば、十分だと思います。

うちの場合

3人の子どもは三人三様

長女は特に勉強させませんでした。落とし物やなくし物が多かったため、自分の名前くらい読めたり、書けたりしたほうがいいな〜と反省して、２番目の息子は名前のひらがなの読み書きができるようにしました。でも、お友だちの名前も読めたほうがいいかなと〜またまた反省。

末っ子はひらがな・カタカナ50音すべてできるようにして入学。本人も読めるのがうれしいのか、今まで絵本は親が読み聞かせないとだめだったのが、自身で読めるようになってからは読み聞かせを一緒に楽しんだり１人で読書ができるようになって（実はその間に家事ができて一石二鳥、笑）、かける手間が減ったことはなにより親にとってうれしかったです。

必要か否かと言われたら、必ずしも必要ではないけど、どうせ覚える手間は一緒だから、早く覚えても損はないと思います。その分メリットはありと思うので。うちは覚える手段として通信教育の教材を使いました。字も比較的キレイに書けていると思います。

基本編

02

学校生活の基礎知識

- 1年生で学習する教科は6教科。
- 家庭学習の習慣づけのために宿題が出る。
- 子どもにとっての「小1のカベ」をなくす取組みがある。

学校生活について、参考までに、ある学校をモデルに説明します。

持ち物は？ 基本的にランドセル。校外学習の際などは、手提げで登校するなどの連絡がくることもあります。

登校は？ 近所の子ども同士で集まって『登校班』で登校します（班ではなく、それぞれ登校する地域もあります）。8：05に開門。教室に入って朝の支度を整えます。教科書などの道具をランドセルから出し、外着などとともにロッカーにしまいます。

時間割は？ 朝会・集会は全校で行いますが、それ以外の朝の活動は各学級で行います。

	月	火	水	木	金
朝の活動 (8：20〜8：40)	朝会	読書	読書	集会	読書
朝の会					
1時間目 (8：45〜9：30)	国語	生活	生活	図工	国語
2時間目 (9：35〜10：20)	算数	国語	国語	図工	体育
中休み (10：20〜10:40)					
3時間目 (10：45〜11：30)	音楽	体育	道徳	体育	算数
4時間目 (11：35〜12：20)	学活	国語	算数	算数	生活
給食12：20〜　清掃13：05〜　昼休み13：20〜					
5時間目 (13：40〜14：25)		算数		国語	道徳
6時間目 (14：25〜15：10)					

1年生で6時間目はほとんどありません。5時間目も最初はありません。

また、保育園同様、慣らしの期間がありますので、入学後２週間程度、給食を食べずに午前中での下校となります。

その後はだいたい週２～３日は５時間目まで授業が行われ、14：25に５時間目終了後、帰りの会を行い、下校という流れになります。

先生は？ 基本的に、１年生はすべての教科が担任の先生の授業で行われますが、図工や音楽といった一部の教科は、教科専任の先生による授業になる場合もあります。

教科は？ １年生で学習する教科は、国語・算数・体育・音楽・図工・生活の６教科です（生活科は、生活に身近なことを取り上げて幅広く学習します。理科・社会は３年生からです）。

宿題は？ 宿題は、担任の先生にもよりますが、家庭学習の習慣をつけるという観点から毎日出される先生が多いです。基本的な『読み・書き・計算』は、低学年のうちの繰り返し学習を重要視する先生も多く、音読＋漢字や音読＋計算（プリントやドリル）のような組合せで出す先生もいます。

宿題については本当に担任次第。宿題を出さない先生ももちろんいます。一概にどちらがよい悪いということはありません。子どもの状況、家庭の方針によっても受けとめ方はさまざまかもしれません。担任が懇談会などで学級の経営方針等について話をする機会もあるかと思いますので、気になることがあったら、そこで質問してみましょう。

●「小１のカベ」への２つのとり組み

子どもにとっての「小１のカベ」を少しでも減らそうと、学校生活の中で、次のようなとり組みが行われています。

[クラス編成]

入学する児童について配慮すべき点などは、各保育園、各幼稚園と小学校側で情報交換する機会が設けてあり、原則それらをもとにあらゆる面で偏りのないように配慮をしながら編成することになっています。

小学校入学への環境の変化は子どもにとっても保護者にとっても大きなものです。子どもが学校生活にうまくなじめるように、入学時は仮クラスとして月齢などで分けられたクラスで２週間程度生活する『お試し期間』がある学校もあるようです。

[ママサポーター]

なるべくたくさんの目で子どもを見守り、子どもたちの不安を解消する目的で、２週間程度ＰＴＡや地域の方で編成されるボランティアサポーターさんがクラスに入るというとり組みもあります。

給食やお掃除といった学習以外の活動には６年生がお手伝いに入ることがありますが、やはり授業のスタートは肝心。スムーズに学習に入っていけるようにサポーターさんが協力してくれることで、クラス運営はとても助けられています。

基本編

03

1年生の勉強はどう進むのか

- 勉強よりも、まず学校生活に慣れることが一番。
- 家庭学習の習慣をつけるためにも、宿題は大事。

Point 入学した次の日から教科書を開いてさぁ勉強！というわけにはいきません。１年生にとって学習の場となる学校生活に慣れることが最初の勉強でもあります。

また、授業では子どもの関心をひきやすい、絵や具体物を使いながら学習が進んでいきます。

体を動かしたり、外へ出て自然に触れたり観察をしたりといった体験型の授業も多く取り入れられています。

漢字はもちろん、ひらがな、カタカナの読み書きはできないことが前提なので、一つ一つていねいに書き順や読み方を指導していきます。家庭学習の習慣をつける観点から、入学当初から音読とプリント１～２枚といったように宿題をしっかりと出す先生も多いようです。宿題は学習進度に合ったものが出されます。また、１年生では特に、その１週間で学ぶことや持ち物などを「学級だより」や「学年だより」などでこまめに保護者に知らせるようにしている学校もあります。

親がする宿題対策については「**実践編８**」参照。

うちの場合

まず学習のしかたを身につける

国語ならひらがなやカタカナ、算数なら数の概念など、本当に基礎から始まります。まずは、先生に指示された内容を理解し、できるようになることが求められます。宿題の指示をきちんと聞いて、それを連絡帳などにメモできるようになるまでには、少し時間がかかります。それまでの間に、学校では授業を聞けるように、わからないことを先生に聞けるようになることが大切です。

１年生の学習の進度は、思ったよりゆっくりです。でも、ここを侮ってはいけません。初めは、学習の内容だけではなく、学習のし

かたも習っていることを忘れないようにしましょう。

うちの場合

宿題が多い！

宿題は、入学から1か月後、家庭訪問が終わったころからほぼ毎日あります。1年生では、国語や算数のプリント、国語の音読など。音読は、親が聞いてカードに評価を書くことになっています。担任の先生からも、「ご家庭でのフォローなしでは学力の定着は難しいです」「宿題なしでは、学習の範囲が終わりません」とはっきり話がありました。

小学校の先生に聞いた要注意ポイント

勉強につまずくのはどんなとき？

「つまずく」というのは、10人いたら10人違います。極端な話、まったく家で何もしなくても（宿題を忘れまくっても）よく理解し、覚えられる子どももいれば、時間をかけないと覚えられない子どももいます。高学年になると、どの子どもも努力が必要となり、努力した子どもがのびています。

3年生くらいまでだと家庭での環境もかなり影響しますね。親は、わが子がどういう子どもなのか、見きわめ（理解力があるとか、なんとなく数に対する認識が弱いなど）、必要なときに助けてあげれば、それほどつまずくことはないと思います。

1年生の勉強はこんな感じ

国　語

- 「読む」教科書の絵を見て思ったことを話す。文章も少しずつ長くなり、１年の終わりには、少し長い物語を読み、感想を述べることにも挑戦。
- 「書く」ひらがな・カタカナ・漢字80字。正しい書き順も大事。
- 「話す」自分のしたことや見たことを話す。友だちの話も聞けるように。

算　数

- 100までの数を数える、書く、まとめて数える。
- 繰り上がり、繰り下がりの計算。
- 時計の読み方、形の学習。

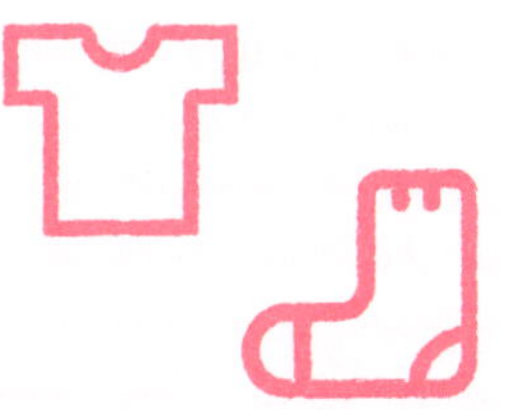

生活科

- 社会性を身につけ、集団生活に親しむ。
- 身の回りの整頓など、自分のことを自分でする。
- 自分のことがわかり、意見をはっきり述べる。
- さまざまなことに好奇心が持て、考える力を育てることが生活科の目的です。実際の授業では、さまざまな身近な経験をし、友だちとのかかわりが深められるよう、いろいろな工夫がされています。近くの公園まで遊びに行ったりすることも。

基本編

04

家庭で必要な親のサポート

- 「明日の準備」を見守って。
- 学校からの連絡に目を通す、子どもと話すの両面から状況把握を。
- ランドセルの中の状態は要チェック。

１年生のうちは、家庭学習（宿題を含む）や持ち物の支度などに親が関わるということが、どうしても必要になります。「自分のことは自分でやらせたい」「保育園ではできていた」と思うかもしれませんが、保育園の支度と学校の学習準備は大きく違っています。子どもが準備をしているのを「見守る」だけでもいいと思います。

●意外な子どもの「困りどころ」

本人が困る経験をして準備の大切さを学ぶということも大切ですが、子どもは自分の困っていることをなかなか言葉で表現できなかったり、毎日の持ち物や準備する物の大切さについて言われないとピンとこない場合もあります。学校から配布されるおたよりをランドセルから出すという、大人からするとなんてこともないことが意外と難しかったりするのです。

●親の関わり方

持ち物や支度に親が関わることで、今どういう学習をしているのか、どんな活動をしているのか、ということも見えてきます。「今日の学校どうだった？　そういえば図工の材料持っていっていたけど何をつくったの？」などと会話をするだけでも子どものサポートになります。そんな会話の中で「あ、そういえば今度の図工は○○が必要なんだって……」と子どもが自分から話すこともあるでしょう。

１年生の学習内容は一見やさしく見えますが、学習以外にまず身につけなければならないことがたくさんあります。学習の習慣、机に向かう姿勢、ノートの書き方、鉛筆の持ち方などなど。「もう小学生」だけれども「まだ１年生」。まずは学校生活に慣れて下地をつくる学年です。親もそのつもりで見守り、励ましていくことが必

要になります。

うちの場合

音読はママでないとダメ

保育園時代であれば、着替えの準備、連絡帳の記入、金曜日にはお昼寝用布団のシーツを持ち帰って洗い、月曜にはそのシーツを持参し……というくらいの準備だったかと思いますが、小学校に入学したてのころは、明日の準備が一番大変でした。しかも、持ち帰ってくるプリントを読むのが、子どもが寝静まってからになってしまうこともしばしば。

家にない持ち物を明日持参、なんて書かれた日には、もう大変。24時間営業のスーパーに、夜中に駆け込むことも何度かありました。先生はなんでもっと早く言ってくれないの！　と怒ったこともありましたが、よくよく聞くと息子がプリントを出し忘れてたとか(男子、教科書なんかで押し込まれて、ランドセルの中でグチャグチャになってること多いですよ)。あとは保育園ママ同士で連絡を密にとる（特に女の子のお母さん、頼りにしてました。ごめんなさい)。

思ったより大変だったのは「音読」の宿題。時間からすると10分足らずですが、子どもが教科書を読み、それを親は聞き、ハンコを押す。ただそれだけの作業ですが、時間がない日、夫婦ともに残業で帰りが遅い日、子どものほうが先に寝てしまった日などなど、毎日コンスタントにこなすことができませんでした。

学校の先生は「もしお母さまが無理な場合は、お父さまでも、おじいちゃまでも、おばあちゃまでもかまいませんよ」と言ってくださったにもかかわらず、「ママでないとだめだよ」と言い張るうちの頑固息子。なんでだ。育児さぼるなってことか（苦笑)。眠い目をこすりこすり、お経のような「音読」で眠りについてしまったことは一度や二度ではありません。でも、忙しい中、子どもと触れ合う大事な時間と思って、日々の出来事を聞いてあげながら、私も仕事への活力もらっていました。

うちの場合

欠かせない連絡帳のチェック

学校では子どもが時間割や宿題などを連絡帳に書いてくるので、当面、親は子どもと一緒に、忘れ物はないか、宿題忘れはないかなど、連絡帳のチェックは欠かせません。また、うちの子は整理整頓ができるほうではなく、ランドセルの奥からグチャグチャになったプリントが出てくることもあるので、ランドセル総ざらいを行っています。

親が仕事などで、連絡帳チェックが遅くなると、宿題に必要な教材を学校に忘れてしまっていることを夜遅く気づいて、学校に取りに行ったこともありました。突然、明日までに用意するものを言われることがあるので、早めに取り組むのが無難です。

給食のランチョンマットの換えは毎日、うわばき、体操着、給食着なども月曜には乾いてたたんで持っていけるように、持ち物の管理が必要です。

基本編

05

放課後の居場所にはどんな種類がある？

- 一般的なのは「放課後児童クラブ」（学童保育）。
- 都市部では、全児童を対象とする事業が増えている。
- 民間の放課後サービスもある。

今、放課後の子どもの居場所には、いくつかの種類があります。自分の子どもが通える放課後事業がどのタイプのものなのか知っておきましょう。

●大きく３つのタイプに分かれる

就労家庭の子どもの放課後の居場所は「学童保育」と言われてきました。国が児童福祉法に定めた制度の名称は、**「放課後児童クラブ」**で、全国的に普及しています。ただし、名称は「学童クラブ」「児童クラブ」「育成室」など市町村によっても異なっています。「放課後児童クラブ」には、公設公営（市町村の直営）、公設民営（市町村の設置で、民間事業者が運営）、民設民営（保護者の共同運営、認可保育園に併設など）などがあります。また、施設の立地も、学校の中に設けられるもの、児童館に設けられるもの、保育園に設けられるもの、その他の民間の建物に間借りするものなど、さまざまな形があります。

「放課後児童クラブ」は就労家庭の子どもなどを対象とした児童福祉事業です。保育園の延長線上の事業であり、受け入れ人数には定員があって、生活の場としての機能が重視される制度です。

一方、一般児童を対象とした遊び場事業などと「放課後児童クラブ」を一体化して実施する自治体が都市部で増えています。「すまいるスクール」「新ＢＯＰ」「子どもスキップ」など自治体によってさまざまな名称がつけられていますが、まとめて**「全児童対策事業」**と呼ばれています。これに含まれるものに、文部科学省管轄の地域活動事業「放課後子ども教室」と「放課後児童クラブ」（厚生労働省管轄）を一体化させる**「放課後子ども総合プラン」**という事業があります。まだ数は少ないのですが、国の新しい施策です。「全児童対策事業」の特色は、学校内で実施され、就労家庭の子どもだけではなく、一般児童も一緒に利用するしくみになっている点にあります。一般児童の利用を自由にするために、学童保育部分にも定員がなかったり専用スペースがなかったりする事業になっているところもあります。

また、こうした公的なもの（国や自治体の制度に基づくもの）のほかに、都市部では、株式会社などが提供する**民間の放課後サービス**も登場しています。民間の放課後サービスは、習い事や塾の機能をそなえていたり、夜間保育、学校・学童保育・自宅などの間の送迎サービスなどのオプションサービスがあり、それなりの費用がかかります。

●それぞれに特色がある

これらの放課後の居場所には、おおむね右の図のような特色がありますが、実際には、同じ自治体の中でもそれぞれの施設による違いも大きいようです。

「選ぶ」ということができるのかどうか、選べなくて質が悪いときはどうしたらいいか、このあとの基本編も参考にしてください。

［放課後の居場所の種類］

①学童保育（放課後児童クラブ）

運営者　公設公営　公設民営　民設民営
実施場所　小学校　児童館　保育園　その他

●就労家庭の子どもが対象。
●定員あり（待機児童があることも）。
●「生活の場」として子どもの生活面もケアする事業。
●保育料：公設は月5,000〜6,000円程度、民設民営は7,000〜8,000円が平均。父母会運営は10,000円を超えるところも少なくない。

②全児童対策事業

運営者　公設公営　公設民営　民設民営
実施場所　小学校

●小学校の全児童が対象。学童保育が一体化したものが多い。
●定員なし。制度上は学童保育部分には定員が設定されるべきとされている。
●基本は遊び場事業。学童保育の専用室がなく、夕方からの時間を学童保育の時間としているものもある。
●保育料：無料、おやつ代の実費程度、月5,000円程度などさまざま。

＊なお、文部科学省の放課後子ども教室との一体化（放課後子ども総合プラン）の場合も、こちらの類型に入る。

③民間の放課後サービス

運営者　株式会社等
実施場所　雑居ビルやマンションの1フロア等

●夜までの延長保育、送迎サービス、習い事、各種イベントなどのオプションサービスがある。
●利用する日数などによって料金が違うが、フルで利用すると学校がある時期で30,000円〜50,000円、夏休みなどは70,000〜80,000円程度。

基本編

06

学童保育と全児童対策事業はどう違う?

- 学童保育は「生活の場」。
- 全児童事業は「遊び場事業」。

Point 東京23区などの都市部には、全児童対策事業が増えつつあります。ひとくちに全児童対策事業と言っても、さまざまな運営方法があります。全児童対策事業と一体化していても、学童保育（放課後児童クラブ）の専用スペースがある施設もあれば、居室は出入りの激しい教室が１つあるだけで、休息をとることさえままならないところもあります。2015年度から放課後児童クラブの基準が設けられましたが、自治体によっては放課後児童クラブの補助金を入れない全児童対策事業のみを行うところもあり、そんな自治体では国の放課後児童クラブの基準も適用されないことになります。

学童保育と全児童対策事業は施設による違いも大きいので一概に決めつけられませんが、一般的にありがちな違いを整理すると次のようになります。

学童保育と全児童対策事業

学童保育（＝放課後児童クラブ）	全児童対策事業*
定員規模などを定めた放課後児童クラブの基準に基づく。	定員規模などを定めた放課後児童クラブの基準が適用されないところもある。
定員がある。子どもの環境が守られる。	定員がないところが多い。待機児童が発生しない。
おやつをとれるようになっている。	おやつがなかったり、時間が遅いところがある。
「生活の場」と定義されている。	みんなが遊べる遊び場事業。
児童館内、保育園併設など場所はさまざま。学校内に学童保育が単独で設けられている場合も多い。	学校で行われる。学童保育の専用スペースがあるものとないものがある。

*同じ全児童対策事業でも、その中に学童保育（放課後児童クラブ）を含んでところと含んでいないところがある。

定員があるというのは、スペースに応じた人数で利用するという

ことで、子どもにとっては望ましいのですが、自治体の整備が間に合わないと待機児童が発生してしまいます。両者の関係をおおまかに図で表すと、だいたいこんな感じです。

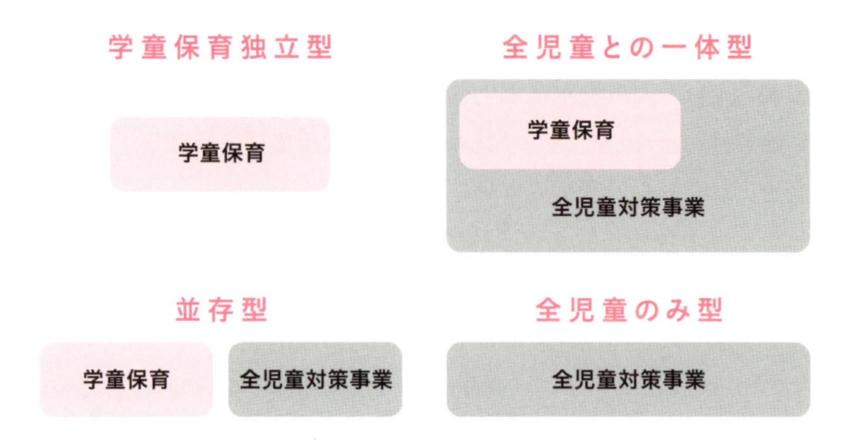

うちの場合

指導員と子どもの関係

小２の息子が通う学童保育は、一軒家を借りて、小学校長・ＰＴＡ会長・民生委員・保護者会役員等でなる運営委員会が運営しています。

９月のある日のこと。授業参観の後、いつもより２時間以上早く息子を学童へ迎えに行くと、ドアの前で、１年生の女の子が「学童は嫌い！おうちに帰りたい」と駄々をこねていました。

聞くと、学校からの帰り道に転んで膝を擦りむき、泣いていたら、それを同じ学童の男の子にからかわれたのだとか。

補助指導員の先生が「とにかく中に入ろう」と玄関先に座らせ、じっくり話を聞いているうちに、頭がコクリコクリとしてきて……。どうやら眠くなったらしく、おんぶされて２階へあがっていきました。

翌日は何事もなかったようにケロッとして、仲よくみんなと遊んでいたそうです。

学童では、弱い自分を見せてもいい。心や身体が傷ついたら、横になって休んでも、泣いたり甘えたりしてもいい。

「担任の先生が怖いから、学校に行きたくない」と、月曜になるたび体調を崩して泣いていた男の子が、学童へ登所した途端、元気に遊び始めるのだとか。

学校、学年、クラスを越えた"大きな家族"に囲まれて、子どもたちは素の顔に戻り、生き生きとした豊かな表情を見せてくれます。

うちの場合

わが子にはつらい環境だった

長男は、区の「すくすくスクール」に3年間お世話になりました。全児童対策事業として運営され、その中に学童クラブ登録という区分があって、登録児童の出欠や帰宅時間の管理を行い、登録外の子どもたちが帰った17時以降、事前に申し込んだ子どもに補食(おやつ)を出していました(当時。現在おやつは廃止されている)。

全児童対策事業は定員がないため、当然集団の大きさは大きくなり、人口密度も高くなります。保育園で得られたような、先生との双方向のコミュニケーションや、生活面での配慮などの保育的要素についてはかなり後退していると感じました。

保育園時代とは一変し、午前中は黙って授業を受ける受け身の生活、放課後は百人単位のこどもの大集団に混じり、"自主性を持って自由に自分で"やることを決めて過ごすという生活。それなりに適応はできるかもしれないが、成長のために必要な支えが少ないの

ではと、親としてはかなり不安でした。

この環境に慣れることが成長なのかと思いながら日々過ごしましたが、わが子の特性を考えれば、特に小１の間は、もう少し自分を出せる小さい集団のなかで過ごさせてあげたほうが適切だったように今は思います。個人差が大きいことでもあるので、もし、放課後の居場所を選択できる環境であれば事前見学するとか、通わせながらお子さんや周囲と相談するなど、成長に寄り添った選択ができればと思います。

うちの場合

学童以外の友だちと遊べる、雨の日が最悪

最初は児童館の中に学童クラブ（学童保育）があったので、放課後になると小学校の校門を一度出て、児童館へ。児童館には学童クラブの独立した部屋があり、ランドセルを置くと、そこで宿題をやる子、塗り絵や工作をやる子、遊ぶスペースに出て遊ぶ子（ドッジボールができるくらいのスペースや、ピアノやおもちゃがあるようなスペースがあった）に分かれ、３時になるとおやつの提供がありました。道路１本挟んだ距離とはいえ、一度児童館に入ると小学校の校庭には遊びに行けず、男子の中には脱走する子どももいました。

全児童対策事業（放課後スキップ）に統合された後は、学校が終わると一度家に帰ってから遊びに行くか、学校から直接行くかを選べるようになったのですが、わが家は一度家に帰ると面倒、という子どもの意見もあり、直接利用で申し込みました。

放課後は学校から直接、学童クラブに行き、ランドセル置き場にランドセルを置き、宿題をやります。全児童クラブは小学校の校庭の端につくられた建物の中にあり、共有スペースと学童児向けのスペースに分けられていました。学童クラブに通っていない子たちと

も、その共有スペースや校庭で遊び（学校と調整し、小学校の体育館を使えることもあったそうです）、5時になると学童クラブのスペースに戻って、おやつタイム（選択制）。学童クラブは6時までいることができます。

雨の日は最悪で、学童クラブ以外の子どもたちが狭い共有スペースにたくさんきてしまって、学童クラブのスペースで宿題ができなかったとのこと（学童クラブのスペースは本棚で仕切っただけだったので、共有スペースの音がよく聞こえる）。

運動会の振替日や夏休みは朝9時から宿題をします。夏は学校のプールに行くこと、お弁当を食べることが加わるけれど、基本的には放課後だけのときと同じ。

児童館のときと、全児童のときの違いは何？　と息子に聞いたら、「児童館時代はテレビでウルトラマンが見れた。学校内の学童保育になったら、テレビはあったけどEテレ（NHK教育テレビ）になってしまった」と。そんな違いがあったのね……。

基本編

07

放課後の居場所は選べるか？

- 学校内か学校に近い学童・全事業に行くのが普通。
- 保育園などの民営学童があれば選べる。
- 民間の放課後サービスを利用する人も。

Point 放課後の居場所を保育園のように選べるかというと、ちょっと難しいと思います。そもそも数がそんなに多くなく、小学校ごとに1つの学童保育や全児童対策事業があるという密度になっている自治体が多いはずです。

特に、学校内学童保育・全児童が設けられている場合、そこが気に入らないからといって、隣の小学校の学童保育・全児童まで通うかというと、子どもが1人で遠くへ通うリスク、お友だち関係から考えてもあまり気が進まないのではないでしょうか（学童保育に待機児童が発生しているために、望まずして遠くの学童保育になってしまうことはありますが）。

一方、児童館の中に学童保育が設けられているとか、公設の事業のほかに民設民営の学童保育（父母会運営、保育園併設など）が地域にあるという場合には、選ぶことができます。

また、民間の放課後サービスがある地域では、子どもの希望、費用面、保育方針などが合えば、それも選択肢に入ってくるかもしれません。

選ぶということも大切ですが、利用を決めた学童保育や全児童対策事業とつきあいながら、自治体や指導員とコミュニケーションをとって中身をよくしていくということも考えたいところです。

うちの場合

希望の学童保育を申請できます

私の住んでいる区は、児童館で行われている学童クラブ（学童保育）もあり、申込みのときに第１希望から何箇所か書くようになっていて学区で固定はされていません。また、近隣の学区には、開所時間が長く、希望すれば夜食も出してくれる民営の学童クラブもありました。結局のところ、学校に近く、保育園以来の友だちも多い、区立の学童クラブに入りました。

民営の学童も魅力的でしたが、学校からの移動距離が長いことがネックでした。また、集団下校訓練などが学期に1度ありますが、みんなで一緒のほうが安心でした。

うちの場合

学童のために引越しした人も

引越しというのはなかなかハードルが高いですが、保育園も学童保育も引越しして確保しました。

残業が多い仕事をしている私の友だちは、保育園入園のときに夜の10時まで延長保育を実施している園のそばに引越ししてなんとか入園しました。

ところが、そこの区は全児童対策事業しかないというので、小学校入学に合わせて、今度は学童保育があるお隣の区に再び引越ししました。引越しはもうこりごりと言っています。それぞれ家庭の事情により何を優先するのかは、いろいろだと思います。

うちの場合

至れりつくせりでいいのか

私の市では「わくわくプラザ」という全児童対策が実施されていますが、Kという民間の放課後サービスを利用する人はとても多いです。私も息子が1年生の間だけKを利用するつもりでいます。気になるのは、月5万円以上の費用もさることながら、小学校に上がり交友関係が広がるにも関わらず、毎日学校に車がきて強制的にお友だちと引き裂かれてしまうことを嫌がる子どももいるとか。

親としては、お迎えの負担や子どもの安全確保、22時まで預かってくれること、お稽古ごとの送迎もしてくれ、食事の心配もいらないとか、心憎いサービスがあって魅力なのですが、どちらかというと、子どものためというより大人目線でできているようにも思えます。

親の都合で、子どもの世界を狭めてしまったり、自立心を養うチャンスを奪ってしまわないかと、悩ましいところです。

基本編

08

放課後生活はどんなふう？

- 学校より長い時間を学童保育で過ごす。
- 子どもたちは「ただいま」と帰る。
- 指導員と豊かな遊びを楽しむ。

子どもが小学校にいる時間は年間約1,221時間、子どもが学童保育にいる時間は年間約1,681時間になります。子どもたちは、学校で過ごすよりも長い時間を学童保育で過ごしています（１～３年生の平均、『学童保育情報2014-2015』全国学童保育連絡協議会発行）。

これだけの長い時間を過ごす学童保育。子どもたちが毎日の生活を過ごす場としてとても大きな役割を担っています。

そして、学童保育は「自分の足で通う場所」。保育園のように親に送り迎えしてもらうところではなく、自分の足で通います。そして「必ず行かなければならない場所」です。他のお友だちと遊びたくても、あらかじめ欠席の連絡をしてない限り、必ず行かなければなりません。くるはずの子どもがこなかったら指導員はその子どもの居場所がわかるまで探さなければなりませんから。その約束のもとに、安心安全な生活が成り立っているのです。このルールはきちんと子どもと約束しましょう。

一日の過ごし方（プログラム）は、学童保育によって違いますが、18時閉所の一般的な例を以下に紹介しましょう。

①学校がある日のプログラム例

下校	登室～遊び
16:00	おやつ
16:45	片付け～帰りの集会
17:00	17時帰りの子は帰宅、18時帰りの子は宿題・勉強
17:45	片付け～帰りの集会
18:00	帰宅

＊プログラムは学童保育によって違っています。

学校から学童保育までは自分の足で通います。１年生の初めのうちは、指導員がお迎えにきてくれるところもありますし、２年生以上の先輩たちが一緒に連れて行ってくれるところも。学校内学童の場合は、そのまま行けるところもあれば、いったん外に出て違う入り口から入るところもあります。

子どもたちは「ただいま」と帰ってきて、指導員たちは「おかえり」と迎えます。ランドセルを置いて連絡帳を出して、しばらくは思い思い自由に過ごします。「ねえ、聞いて聞いて」と指導員から離れない子、ゆっくり寝そべって本を読む子、オセロ・トランプなどで盛り上がる子、さまざまです。外遊びは、校庭・体育館・公園などのケースがありますが、鬼ごっこ・ドッヂボール・一輪車などが人気。けん玉、縄跳び、コマ回しなどの、なつかしい遊びが盛んなのも学童の特徴の１つです。

おやつは指導員が用意してくれます。経費は父母会の負担だったり、別途徴収だったり、さまざまです。配膳や後片付けは子どもたちも手伝います。おしゃべりがはずむ楽しいひとときです。全児童対策事業と一体化しているところでは、おやつの時間が遅かったり、おやつがない場合もあります。

この例の学童保育では、17時になる前に全員での帰りの会があり、その日一日を振り返り、翌日の確認をします。18時帰りの子は、そのあとは宿題をやったり本を読んだり静かに過ごし、17時45分くらいから帰りの準備をします。

帰るときは、同じ方向同士で集団下校するところが多いようです。冬場など早く暗くなる季節は、途中まで指導員が送ってくれる学童保育もあります。

②学校がお休みの日のプログラム例

8:15	登室～ゆっくりタイム
9:00	宿題・勉強
9:30	遊び
12:00	昼食
13:00	遊び
15:30	おやつ
16:45	片付け～帰りの集会
17:00	17時帰りの子は帰宅、18時帰りの子は宿題・勉強
17:45	片付け～帰りの集会
18:00	帰宅

*プログラムは学童保育によって違っています。

夏休みなど長期休暇中は、朝から学童保育に行きます。遅くとも9時くらいまでに登室するようにしているところが多いでしょう。

昼食は、給食がないので弁当持参になります。ときには全員で遠足に行ったり、昼食やおやつ作りにチャレンジしたり、長時間保育ならではの楽しみもあります。夏休みのプールなどには、学童からそのまま通うことになります。

●行事もいろいろ

行事の内容も学童保育によってさまざまです。毎月のお誕生会があって、特別なおやつ、指導員さん手作りのカードなどでお祝いしてくれる学童保育もあります。一番のイベントは夏休みのキャンプ！　というところも多いでしょう。キャンプは、お父さんが大活

躍する、家族で楽しむ一大イベントになります。卒室のときには「卒室式」がある学童保育もあります。もちつき、ハロウィン、クリスマス会など季節の行事もよく行われています。

うちの場合

学校から学童へは外を通って

入学当初は、学年の先生たちが班に別れ、班ごとに（帽子につけたリボンの色が違う）子どもたちをまとめて学童の部屋まで送って行ってくれました。それについて行ったことがありましたが、学校敷地内の学童保育であるにもかかわらず、わざわざ外に出て遠回りして大移動していました（これになんの意味があるかいまだによくわかりません）。

学童では、到着した子どもから順番に学童のノートや親からの手紙などを指導員に渡す→ランドセル、校帽、手提げなど学校で使ったものを自分のロッカーに置く→まず宿題をする→宿題が終わった子どもから順次遊びに行く→16時ごろ学童のおやつタイム→17時から順次親が決めた時間に帰宅→18時に通常学童の時間は終了→19時まで延長学童保育（親のお迎えまで待つ）、というような流れになります。

もちろん宿題をするとか遊ぶなどの時間管理は子どもに任せることも多く（というか、宿題が出ているかどうか指導員は知らないようです）、それぞればらばらな印象でした。

私の区でも全児童対策事業（あいキッズ）が実施されることになり、おやつの時間が17時半になるそうです。それで意味あるのかと疑問です。また学童指導員の立場が変わるため、子どものために何かを区に提案することがやりにくくなるのではないかと心配されています。

うちの場合

学童保育で宿題をして児童館で遊ぶ

普段の日は、学校が終わると、おのおの学童クラブ（学童保育）のある児童館に移動します。1度学童クラブの部屋に荷物を置いたあとは児童館やクラブ室でそれぞれ遊び、高学年の子も登所するおやつの時間には全員クラブ室に集合。その後は宿題をやったり、遊んだり、学童クラブの子みんなで指導員のもと遊んだりすることもありました。帰りは30分きざみで、まとまって玄関での送り出しをしていました。

夏休みは、学校のプール開放がありますが、時間が日によって違うので、朝、直接プールに行ったあと登所する日、登所してから、みんなで学校のプールに行く日があります。

「中抜け」は学校のプールに限り認められていました。塾、習い事での「中抜け」は認められていなかったと思います（塾に行く場合は早い時間に降所となる）。これは保険や、事故の補償の関係があると思います。

学童保育に親のお迎えは必要？

- 自治体や施設で異なる閉室時間。
- 親のお迎えの必要の有無もいろいろ。
- お迎えに行けない場合や留守番の対策を。

Point 学童保育の終了時刻は自治体や施設によって異なりますが、統計を見ると夕方６時くらいに終了するところが多数を占めています（全国学童保育連絡協議会調べ）。保育園の大半が７時やそれ以降までの延長保育を実施しているのに比べると、学童保育はだいぶ早く終わってしまうということです。「小１のカベ」は、この保育終了時刻の違いにあると考える人も少なくありません。

一方で、以前は学童保育に親のお迎えは不要とする自治体・施設が多かったのですが、終了時刻が遅くなるにつれ、お迎えが必要とされるようになってきたという事情もあります。

現在、正確には次の３種類のやり方があります。

①基本的にお迎えは必要ないが、６時以降（時刻は自治体・施設による）も学童保育に残る場合は、お迎えが必要。
②時間に関係なく、お迎えはいっさい必要ない。
③時間に関係なく、必ずお迎えが必要。

③は多くないと思います。

お迎えをしなくてよい学童保育では、子どもは一人で家のカギを開け、親が帰るまで１人で留守番をすることになります。もちろん、心配だからお迎えをしたいという親がお迎えに行くことは自由です。

お迎えが必要な時間まで学童保育を利用する、あるいは全員お迎えが必要と言われているが親は間に合わないという場合には、誰かにお迎えに行ってもらわなくてはなりません。祖父母、知り合い、上級生のきょうだい、ベビーシッターやファミリーサポートセンターなどに頼んでいる人は多いでしょう。

子どもに留守番をしてもらう場合には、それなりの練習や配慮が必要になります（**実践編18・19**参照）。

終了時刻やお迎えの有無については、学童保育に直接問い合わせ

たり保育園の親仲間に聞いたりして、早めに情報を収集することが必要です。

うちの場合

保育園と学童保育のお迎え

上の子が1年生のときお迎えは6時でした。慣れたら同じ方向のお友だちと集団帰宅なので1人で帰ってこられるのですが、最初の1か月はお迎えするよう言われました。間に合うように自転車を飛ばし、ひとまず自宅に子どもと戻ってから保育園に下の子をお迎えに走りました。それでぎりぎり。保育園のスポット延長を利用したこともあります。

初めに下の子のお迎えに行くと、小さい子はのんびりしていたり、園で友だちや先生と話し込んでいたりして案外時間がかかるので、結局いつも学童に先に走っていました。下の子は待ちぼうけになっても保育園だから問題ないですが、学童で最後になると、玄関(ひどい場合は玄関の外)に出されて暗い道端で待ちぼうけになるので子どもに申し訳なかったです。

うちの場合

学童を一歩出たら……

学童保育の登録の面接時に配布された「学童クラブ入会案内」には、「保育園と違い、送迎の必要はありません。お子さんは自分で帰宅しますので……」という記述が。うちの自治体では、一律でこの冊子を使用しているようです。学童先輩のママ友いわく、「学童を出たら管理外。送迎に来る、来ないは自由だけど責任取れません、というスタンス」なんだとか。自治体によってはもっと親切なところもあると思います。

うちの場合

自分の足で行って帰るところ

うちの息子の学童は、5時と6時に集団下校があり、できうる限り先生方が手分けしてグループごとに途中まで送ってくれます。お迎えにきたお母さんお父さんたちは、他の子どもたちも引率して帰るのが、いつの間にか当たり前になってました。もちろん、だれも大人がいなくて、子どもたちだけで帰ることもしばしばありました。お迎えを強要する学童もありますが、私は、個人的には、学童は最終的には「自分の足で行って、自分の足で帰るところ」だと思います。

うちの場合

2年生になると1人帰りが増える

息子が通う民営の学童は7時まで開所。原則お迎えが必要ですが、保護者が連絡した場合は、子どもが1人で帰宅することもできます。この場合、学童を出ると指導員から保護者へメール連絡があります。習い事で「早帰り」するときも同じ。1年生の間はほとんどの保護者がお迎えありですが、2年生以上になると、だんだん「ひとり帰り」が増えるようです。

基本編

10

学童保育は全員入れるのか？

- 保育園ほどの待機児童はいない。
- 「1年生優先ルール」があるところも。
- 全児童対策が代わりになっている地域も。

Point 原則、学童保育（放課後児童クラブ）には定員を設ける決まりになっていますので、定員を超える希望者がいた場合には入れません。しかし、「１年生優先ルール」（２～３年生の卒室）があったり、定員のない全児童対策事業への吸収があったりして、保育園ほど待機児童問題が顕在化していない現状もあります。実際のところ、本当の待機児童数は正確には把握されていないとも言えます。

国は2019年度末までに学童保育を30万人拡充する計画を掲げています。数だけでなく子どもにとってよい環境を整備してほしいものです。都市部に広がる全児童対策事業も、そこが家の代わりになる子どもたちにとって大規模で喧噪な環境になっていないか保護者の目で確かめたいところ。改善が必要なら父母会や個人で施設や自治体に要望していく必要があります。

なお万一、学童保育の待機児童になってしまった場合には、祖父母や知人、ファミリーサポートセンターを頼る、民間の放課後サービスを利用する、習い事と留守番で切り抜けるなどの方法を検討する必要があります。

うちの場合

指数で選考されています

うちの区では、入会に際し保育園入園と同じように指数で選考が行われます。幸運にもわが子が通う学童クラブ（学童保育）は区内で大き目のクラブのため待機児童はいなかったのですが、近隣の学童クラブに入れないため越境しているという話を聞いたことがあります。また、複数のクラブで満員になっており、地域によっては待機児童がいるようです。選考では、親の就労時間、学年（学年が高くなるほど調整指数で減点）、祖父母等の手助けの有無などによって点数がつけられます。

実は、わが家では今春復職する際に４年生になる上の子の学童クラブに申込をしようと考えたのですが、指導員の先生から「４年生で学童クラブ内にずっといなくてはならない状況は、本人にとってどうなのか」「外で友人と遊んだり、自由に出入りできるような環境のほうがいいのかもしれない」というようなことを言われました。子どもをよく見てくださる先生方なので、きっとわが子のことを案じてのことなのでしょうけれど、やんわりと断られているようにも感じてしまいました。結局、子ども本人とよく話し合った結果、放課後は自分で管理して過ごしてもらうことを選択しました。

うちの場合

待機児童になりファミサポさんを頼る

３月に入ってから夫の転勤が決まり、大急ぎで転居先の役所に学童と保育園の申込みをしたところ、保育園だけでなく上の子の学童も待機が決定となりました。夫婦フルタイムで実家も遠く指数は高いのですが、通常の申請期日（年１度、１月）に間に合えば定員を超えていても入所でき、その時期を逃すと、定員割れしない限りは待機になるルールなのだそうです。正直、釈然としませんでした。やむをえず、ほぼ毎日ファミリーサポートセンターにお願いし、翌年は入所することができました。ファミサポさんに地域の情報を聞けたり、ファミサポさんのお子さんと子どもがお友だちになったりする副産物は大きかったです。なお夏休み中だけ、待機児童も通わせてもらえるシステムがあり、これは助かりました。

うちの場合

指導員さんが非常勤で……

私の市には待機児童はいません。公設の学童がすべての小学校に併設されていて、学童の申込者が40人を超えると、

市は学童を増やす約束になっています。うちの子の学童は校内の体育館の一室を改造してあり、ちょっと落ち着かない感じはあるのですが、よその待機の話を聞くと、入れる安心感はありがたいと思っていました。ただ指導員さんが非常勤で毎日交代するので、前の日の子どものようすを翌日どこまでわかって対応してもらえるのか不安に感じたこともありました。

うちの場合
１年生ではありませんが

息子は４年生ですが、学童クラブ（学童保育）に月〜金までフルで行っています。毎年、指数で選考が行われ、学年が上がると指数は下がるので「今年はもしかしたら？」と心配しましたが、大丈夫でした。学童クラブは、結構、年度途中の退会が多く（習い事とか、きょうだいの状況とか、雰囲気が合わないとか理由はいろいろ）、意外にトータルの人数はふくれあがっていないようです。息子の場合、同じクラスの仲のいい友だちが学童にいるので、よかったのかもと思っています。

基本編

11

障害をもつ子どもの入学・学童保育は？

- 就学相談で就学先の相談をする。
- 学童保育は障害のある子にとって大切な生活の場。
- 送迎支援サービスを利用できる自治体もある。

Point 心身に障害をもつ、あるいは障害が疑われる子どもの就学については、教育委員会が実施する就学相談などで相談することができます。就学相談は、就学時健康診断と違い、年間を通して（あるいは長期間にわたり）随時受け付けています。就学先としては「普通学級」「（小学校併設の）特別支援学級」、あるいは「特別支援学校」があり、どこに入学するかは子どもの障害の程度にもよりますが、それぞれの学級または学校を見学して子どもにとって最もよいところを選ぶ必要があります。また、働いている親としては、下校後の居場所をどうするか、その送迎はどうするかも考えておかなくてはなりません。

学童保育 学童保育では障害児の受け入れが進んでいます。待機児童があって低学年優先で在籍者を選考している場合でも、障害児は一定の利用人数枠は確保されているのが普通です。

放課後等ディサービス 小学生以上の障害児の放課後や長期休み期間中などの居場所の提供や療育を行ってくれます。送迎や夕食の提供もしてもらえるところもあります。学童保育では受け入れてもらえない子どもや学童保育がない中学生以上の子どもなどはあちこちのディサービス事業所を日替わりで利用している場合もあります。事業者もＮＰＯ法人・株式会社とさまざまなので、見学・体験は必要でしょう。

移動支援事業 保護者が介助できない場合に障害児（者）の外出時にガイドヘルパーを派遣してくれる事業です。市町村が運営する事業なので、自治体によって内容が異なりますが、たとえば、東京都豊島区の場合は、保護者が就労・疾病等の場合の小学１年生から、夏休みなど学校休業時を除く通学利用（学童保育、放課後デイサービスからの帰宅も含む）にのみ片道30分まで（状況により60分まで）、１日２回、月23日まで利用できます。

発達障害などで手帳がなくても利用できる場合もあります。多動

やパニックに陥りやすい子どもなど１人での登下校が不安な場合も自治体に相談してみてください。ただし、自治体で認定を受けられてもそのあと引き受けてくれる事業所を探すのが大変なので、就学先が決まり次第相談したほうがいいでしょう。

社会福祉協議会　通学の移動以外の移動（たとえば、夏休みなど学校休業日等、移動支援を利用できない場合など）の際などに、ボランティア（有料）を頼むことができます。

うちの場合

支援学級のある小学校を選ぶ

私の子どもは妊娠中のトラブルで26週６日、633グラムの超低体重児で生まれました。半年の入院生活後退院、保育園には１歳直前から預けることができました。入園当初は救急搬送や夜間外来受診もたびたびでした。体も小さく体力もないけど、保育園生活では、周囲とコミュニケーションもとれ、できることも一つ一つ増えました。家庭の中だけでは得られなかった大事な何かを本人は得たのではないかと思っています。

少なくとも義務教育の間は地域で育ってほしかったし、卒業後の将来だって地元でと考え、地域小学校内の支援学級を希望していましたがまさかの「特別支援学校判定」。特別支援学校へはバスで片道１時間。体にも大きく負担がかかるし、何かあっても自家用車もないわが家には不安でした。そこで、教育支援センターや地域の特別支援学級のある小学校校長と面談し、就学直前の３月に（３校目で）やっと受入の承諾をもらいました。

受入校が決まってから学童クラブ（学童保育）の手続きをしました。正直焦りまくりでしたが、支援学級のある小学校内の学童クラブなので指導員の先生方もうまく接してくれ、また障害児対応の職員加配もありうまくいきました。

うちの場合

地域の仲間と育ってほしい

保育園の卒園式では、卒園児が「サッカー選手になる！」「パティシエになる！」などと将来の夢を発表しますが、障害のあるわが子が支援学級か支援学校かという分かれ道にいたとき、周囲から「将来自立して生活できるようスキルアップが確実にできる支援学校に行くべき」とか「支援学校と支援学級では子どもが20歳になったときに自分でできることが全然違う」など、支援学校を強く勧められました。でも親の気持ちとしては子どもに障害があることで子どもらしい夢を持つ期間が短くなったり、小学校就学と同時に将来社会に役立つ（迷惑にならない）大人になるための準備をさせられる気がしてとても疑問でした。またスキルアップをいくらしても支援学校→作業所以外の行き場もなく、保育園のお友だちとも離れ、隔離された状態（？）で成長するよりは、「困ったとき」相談できる近所や友だちのほうが大切と考え、就学直前まで「地域の支援学級」を希望しました。障害があっても『将来の夢』を大人が狭めることがないように考えたつもりです。

学童保育（放課後児童クラブ）の基準

2014年に「放課後児童健全育成事業の設備及び運営に関する基準」が公布されました。要点だけわかりやすくまとめると、こんな感じ。

対象は？

保護者が働いているなどで家にいない小学生（1年生～6年生）が対象。

事業の内容は？

子どもの人格を尊重し、その自主性、社会性、創造性の向上や、基本的生活習慣の確立を図って、健全な育成をする。

グループの規模は？

子どものグループは、1つにつき、おおむね40人以下でなければならない。

面積は？

子ども1人当たり、最低で1.65平方メートル以上でなければならない。

どんな場所？

遊びおよび生活の場としての機能、静養ができる機能を備えた専用スペースがあり、必要な設備や備品を備えなければならない。

指導員は？

放課後児童支援員という。1つのグループに2人以上配置しなければならない。ただし、1人は補助員でもよい。放課後児童支援員には保育士や教員その他、資格や経験などの条件が定められている。

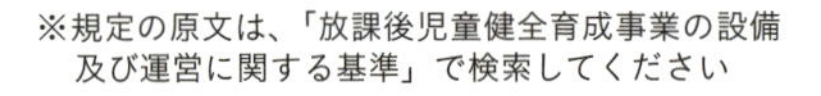
※規定の原文は、「放課後児童健全育成事業の設備及び運営に関する基準」で検索してください

実践編

つまずく31のポイントと対策

実践編

01

保育園よりも学童保育の時間が短い

- 最初は親のお迎えや助っ人の手を借りて安全策。
- 慣れたら友だちと一緒に帰って
留守番もできるように。
- 子どもは成長する！

Point 保育園時代、延長保育を利用していた家庭では、まず学童保育の時間の短さが問題になります。親のお迎えを続けるのか、留守番をしてもらうのか、留守番はどうしたらできるようになるのか。子どもの生活力や気持ちをよく見きわめながら、それぞれの家庭で無理のない対応を考える必要があります。

うちの場合

1人で帰れるようになるまで交替でお迎え

保育園は延長で夜7時30分まで預けていましたが、学童保育は延長しても6時30分まで。1時間お迎えが早くなりました。学童保育は基本的に保護者の迎えは必要がないということでしたが、1年生の最初のころは迎えに行きました。

最初の2週間は私の親に泊まりで来てもらい、夕方の早い時間に迎えに行ってもらいました。その後は、私が週に3～4回程度、主人が週に1回程度、6時30分ぎりぎりに迎えに行っていましたが、まわりの子どもたちが1人で帰っているのを見て、うちの子も1～2か月程度でみんなと一緒に帰るようになりました。

下の子が保育園にいるため、学童保育に迎えに行き、その足で保育園へという流れでしたが、1人で帰ってこられるようになったら7時ごろまでマンションロビーで待っていてもらい、合流して保育園に行きました。日が短くなってからは、また早く帰るようにしたりしましたが、今では習い事にも行くようになり、学童保育の延長を使うことはほとんどなくなりました。

うちの場合

留守番に備え、お菓子やパンを常備

保育園は7時30分までの延長保育を利用。学童保育は基本的に6時まで、延長保育は6時30分まででした。親の帰宅

は早くても７時で、最初は、１人で留守番させるのは不安だし「かわいそう」な気もしたので、延長保育を使っていました。ところが、６時30分まで学童保育にいる友だちは少なく、本人も留守番ができるというので、指導員からのアドバイスもあって年度の途中から６時に帰宅させることになりました。

保育園時代、残業のときベビーシッターや祖父母に来てもらいサポートしてもらいましたが、ベビーシッターは最短２時間からの料金設定のところが多く、小学生になってからは使わなくなりました。ファミリーサポートセンターの依頼会員となり、親が帰るまでの時間、学童保育の近所に住む提供会員の方の家に預かってもらうこともありましたが、だんだん子どもも１人で留守番できるようになりました。

急な残業、電車の事故等で親の帰りが遅くなるときは、できるだけ電話を入れました。また、おなかがすくと心細いので、ちょっとしたお菓子、パンは常備（それこそ震災のときは保護者が帰宅困難者になることが想定されますので）。中学年になったら電子レンジの使い方も覚えてもらいました。

うちの場合

上司と相談し、勤務時間を変更

保育園時代は夜７時15分まで預かっていただけましたが、学童保育は夜６時まで。当時私の勤務時間は９時から６時の会社で（通勤時間は約１時間）、帰りはとても間に合わない。小学校に上がるまでは短縮勤務制度を利用できたため、保育園の保育時間に合わせて働き、ときどきは近所の祖父母に預けて残業したりしていたのですが、学童保育が始まった途端、職場の短縮勤務は使えなくなるわ、子どもの保育時間は短くなるわで、「どういうこと?!」と焦りました。

本気で５時で退社できる会社に転職するか、いっそ仕事をやめるか悩みました。結局は上司と相談し、朝１時間早く出勤して、帰りを学童保育の終了時間に合わせることで決着しました。週に何度かは同じ会社に勤務していた夫に定時であがってもらったりもしたけれど、男性が子育てを理由に残業しないで帰ることをよく思わない上司に嫌味を言われたりもしたようです（後になって知った）。

うちの場合

実母の助けを借りました

保育園は延長保育を利用していたので、夜７時までのお迎えでした。長男が小学生になる半年前に、徒歩30分位のところに住む実母が退職したので、子どもが帰るころに２時間ほど留守番にきてもらっていました。

長男は、たまたま実母が用事で来られなかった日に鍵を忘れ、玄関（私道沿いの戸建）の階段に座って待っていたら、お隣の方が声をかけてくれて、家で待たせてくださったことがありました。次男は、保育園で待っていたこともありました。

実践編

02

同じ小学校へ行く保育園友だちがいない

- 子どもは案外すぐに仲よくなれてしまう。
- 親のお友だちづくりは少し頑張ろう。

Point 多くの場合、保育園を卒園すると、いくつかの小学校に分かれて入学します。赤ちゃんのころから一緒に過ごした仲間や先生たちとお別れするだけでもさびしいのに、一緒に行くお友だちが１人もいないというのは、親としても心配ですね。

でも、心配はいりません。子どもは親が思っているよりもずっとたくましく、あっけらかんとしています。逆に親が心配しすぎて、子どもを不安にしてしまわないようにしましょう。

むしろ親のほうが、情報交換をする親仲間がほしいということはあるかもしれません。働いていると、ついつい地域のおつきあいが疎遠になりがちですが、仕事が休みの日などに地域の行事に意識的に参加してみるのもよいと思います。同じマンションで同じ小学校に行くとわかっている家庭があったら、顔見知りになっておくとよいでしょう。

子どもにとってばかりでなく、親にとっても、これからの小学校生活を乗り切る上で、ほかの親とのつながりは何かと貴重なものです。

うちの場合

案外あっさり仲よくなります

うちの子は、同じ保育園から一緒に入学するお友だちがいなかったのでとても心配でしたが、幸い後ろの席の子とすぐに仲よくなり、毎朝一緒に登校するようになりました。子ども同士は席が近かったり、同じ班で活動したり給食を食べたりしているうちに、案外あっさり仲よくなります。特に学童保育で一緒のお友だちとは、よく一緒に遊んでいるようです。

入学時のクラス編成のときに、学校側で出身園を考慮してくれて、同じ園からのお友だちがいない場合は、家が近くの子や通学班が一緒の子と同じクラスにしてくれる場合もあると聞いています。

うちの場合

子どもたちの仲よくなるチカラ

息子の通っている保育園からは、学区の関係でいくつかの小学校に分かれました。息子の小学校には同じ保育園からある程度まとまった人数が進学しましたが、同じ小学校に行く人数が少ないと、確かに「お友だちできるかな？」と心配になると思います。

でも、息子の小学校でのようすを見ていても、その心配はまったく無用です！　子どもたちの仲よくなる力は大人が思うより広くて大きくて本当に素晴らしく、大人のほうが見習いたいくらいです。

うちの場合

声をかけ合える親同士の交流も大切

上の２人は同じ保育園出身の友だちが多い地域の小学校へ入学していたので、支援学級へ入学することになった３番目の、ちょっと離れた小学校への入学は、長男のとき以来のキンチョーでした。

同じ区内の小学校でも学校が違えば「給食セット（ランチョンマット・手拭きタオル・巾着)」の指定サイズや、上履き・体育着もデザインが違うし、PTA の役員名や仕事の中身もちょっとずつ違って「あ〜ぁ、また学校ルールをイチから学ぶのか〜」とため息でした。しかも疑問やグチを軽く話せるママ（パパ）友もいないのですから……。

とにかく学校・学級からのプリントにはよ〜く目を通し、質問は連絡帳にこまめに記入し、入学式・参観日・保護者会では気軽に話せそうなママを探しました。

学童保育の毎日のお迎えのときには、ほかのママやパパと子どもの組合せを覚えるようにしました（何かあったときにお子さんとその親御さんがわかっていると話しかけやすい）。

なんでもべったり仲よくする必要はないと思いますが、行事やちょっとしたときにお互い声をかけ合ったり、協力し合えるような関係になれるよう頑張りました。

実践編

03

登下校が不安

- 登下校路の確認、歩く練習は欠かせない。
- 行きと帰り、時間帯による風景の違いに注意。
- 困ったときの駆け込み場所も考えておこう。

学校への登校は、登校班があるかないかでも、事情はずいぶん違います。なくても、最初に途中まで送っていき、一緒に登校できるお友だちを見つけるという手もあります。

下校時、学校内学童保育でない場合でも、学童保育へはみんなで移動できます。学童保育から家に１人で帰る場合は、やはりルートをしっかり確認する必要があります。

うちの場合

顔見知りのお店に「よろしく」

学校入学前に何度か自宅から学校、学校から学童、学童から自宅を歩きました。決められた道をはずれてはいけないこと、電柱に緑色の「文」の字の看板が目印だよと確認しながら歩きました。近所の方は兄弟姉妹とその友だちがまとまって、登下校する子たちもいました。

私の子どもの学校は旗振りのおじいちゃん、おばあちゃんが交差点に毎朝立ってくれているので交通量が多いところも安全に登下校できているようです。

登下校に慣れてきたら、通学途上の「子ども110番の家」の看板に目を向けてみるのもいいと思います。

通学路からは外れてしまいますが、学校のそばに私（父）がよく行くプラモデル屋があり、子どもとも顔見知りでしたので、「何かあれば駆け込ませますのでよろしく」と伝えました。通学路に知っている商店とか、知人の家があると安心ですよね。

うちの場合

登校班は助かる！

登校は集団登校だったから安心できたし、うちの小学校は５月の連休明けまでの１か月半、下校時に先生が近所まで

見守ってくださったのでこちらも安心でした。ただし、これは学校によって違うと思います。

登校班があるかないかは、就学説明会の時にわかります。班ごとにリボンの色が違って、それを校帽に縫い付けるように指導がありました。さらに、登校班の連絡は就学直前に班長さんからご挨拶がありましたので安心できました。

学童へは毎日お迎えをする親もいましたが、うちは1人で帰ることもありました。そんなときは、一緒に帰るお友だちを確保できると安心です。10月になると学童保育が終わるころ外は真っ暗なので、やっぱり心配で、なるべくやり繰りしてお迎えに行きましたが、明るいうちに帰宅できるように「早帰り」させている家庭もあります。

うちの場合

寄り道していたら知らせてくれる

できれば、入学前に登校のルートを実際に親子で歩いてみることをお勧めします。また行きと違った下校ルート、危なそうな道路、暗い道、危ないときに飛び込める店や知り合いの家も一緒に回るといいと思います。夕方や夜など実際に体験してみると大人でも怖い道などがあります。

わが家では帰りの通学ルートに保育園からの帰り道と同じルートを選びました。寄り道していたり、何かトラブルがあると他の保育園保護者などが声をかけてくれたりしてずいぶん助かりました(メールで知らせてくれることもあり)。

うちの場合

時間帯が違うと風景が違う

1年生で引っ越しをしたお友だちの話。学童から自宅への道を一緒に歩いて練習したので、親は帰れると思っていた

のですが、子どもは迷ってしまったということがありました。途中で途方にくれていたところを近所の人が声をかけてくださったとか。練習した時間帯と１人での帰宅時の時間帯が違ったので、子どもの目に見える帰り道の風景は、まったく違ったのです。登下校の練習は時間帯に注意。

うちの場合

送って行くと他の新入生と出会い……

１年生の初めは、どちらのお宅も心配なので、通学路を連れて歩いて行くと、同じように新入生を送ってきた保護者と会いました。学校まで行かなくても、途中まで行くと子どもが何となく集まってくるので、学校のある日は、朝の心配はあまりありませんでした。夏休みなどは学童に直接行きますが、私が出張で早く出た日、子どもが児童館（学童保育）前の公園で先生がくるのを待っていたら、「１人では危ないので、あまり早く出さないでください」と注意されました。

実践編

04

入学前に身につけたい子どもの生活スキル

- 自分のことは自分でできるように。
- 意外な落とし穴はトイレ。
- 大人に頼る技術も必要。

Point 学校では、毎日の生活がすべて時間割に従って規則正しく進められていきます。また、原則として自分のことは自分でやる方針で、先生にはあまり手伝ってもらえません。そこで、一般的に言われている「入学前に身につけておきたい生活習慣」を挙げると、次のようになります。

□規則正しい生活。
□歯磨き、洗顔、髪をとかすなどの身だしなみ。
□自分でトイレに行ける。
□自分で鼻をかめる。
□好き嫌いなく食べ、20分くらいで食べ終われる。
□お箸、スプーン、お椀が正しく持てる。
□自分で衣服の脱ぎ着ができ、脱いだものをたためる。
□自分の持ち物がわかり、学用品など使った後の片付けができる。

「全部クリアしている新１年生がいたら気持ち悪いかも」と思ってしまいますが、これを目標にして家庭でも努力することは必要です。忙しい親はついつい手伝ってしまいがちですが、時間にゆとりをもたせ、なるべく子どもに自分でやらせるようにし、少しずつできることを増やしていくと安心です。

うちの場合

わが家の教え

わが家で教えたのは、

- 時間（時計）の見方（何時になったら家を出るのか）。
- 自分の名前と住所と電話番号が言える、読める、書ける。
- 親の職場の電話番号が言える（震災時など固定電話も大事）。
- 近所の友だちの家まで行ける（非常時の避難）。

●カギがないときにどうするかの約束。

●自宅→学校→学童→自宅　の道順を１人で歩けるように。

●和式トイレの練習、朝の排便の習慣（学校や学童保育でトイレをがまんすると、具合が悪くなるかも）。

上の子が１年生のときによくトイレをがまんして走って帰ってきました。私の帰宅が間に合わず、失敗したこともたびたび。排便などは生活のリズムもあるので習慣づけるのは難しいですが、学校や学童で（恥ずかしいから）トイレに行きたくない、ということもあるようなので、神経質な子については配慮してあげるとよいかと思います。

うちの場合

トイレがこわい

当たり前のようですが、「おはようございます」「こんにちは」「さようなら」「いただきます」「ごちそうさま」「ありがとう」「ごめんなさい」「はい」などのあいさつや返事がきちんとできることは、やっぱり大事。これから大きな集団に入って行動するときの自信にもつながります。まず親自身が生活の中で実践できているように気をつけました。

思いがけない落とし穴がトイレ。学校でも洋式は増えていますが、保育園も洋式だったため和式が苦手という子どもも。うちの子は、学校でトイレに行きたくないというので、よく聞いてみたら、和式が落ちそうでいやだとのこと。

うちの場合

大人の頼り方

家や通学途上で困ったらどうするか。母の携帯への連絡法（緊急時以外は17時以降にするか、メールで連絡する。留

守電にメッセージを残す。制限が厳しいキッズ携帯をホットラインにしておいて、テストメールで送信したメールを保存して、それを選んで送るなど）。

母が間に合わない場合は、祖母に電話する。

困ったときに、学校や学童保育の先生に状況を説明して助けを求めることができるようにすることも大切です。何でもかんでもまわりに頼ればよいというわけではないので、自分で考えるべきことと大人に頼るべきことを体験しながら覚えていきます。まさにＯＪＴです。

うちの場合

傘の差し方

卒園するときに保育士さんにもらったアドバイス。子どもはななめ前に傘を傾けてさすことが多く（ほぼ、目の前の足元しか見ない状況）、１人で歩くと危ない。雨の日に一緒に歩いているときに、傘の差し方を教えてあげてください。

実践編
05
保育園から学童保育、そして給食開始まで

- 学童初日、親が送っていくとようすがわかる。
- 入学式で晴れて小学生に！
- でも給食はすぐには始まらない。

Point 「３月31日まで保育園に通っていたのに、４月１日からいきなり学童保育なんて大丈夫かなあ」と心配になりますね。でも、子どもはすぐにお友だちができたり保育園の先輩に再会したりして乗り越えていきます。

入学式があり学校が始まっても、給食が本格化するまでは、お弁当が必要だということをしっかり頭に入れておきましょう。

うちの場合

あたたかく迎えてくれた先輩たち

保育園卒園、そして４月１日からは学童保育開始。朝、恐る恐る（？）息子と一緒に学童に行くと、あたたかく迎えてくれたのが、意外にも１～２年前に同じ保育園を卒園した先輩方（２、３年生）でした。持たせた荷物も、職員が声をかける前に先輩たちがてきぱきと置き場所を教え、学童にきたらまず何をやるかまで説明してくれました。

学童初日の持ち物は、はさみやセロテープ、色鉛筆、糊など、工作に必要な文具一式や、上履き、お弁当と連絡帳など。

先輩方からは、「お母さんはもう会社行っていいからね、後は僕たちに任せて」と言われ、息子以上にほっとしたことを覚えています。息子は保育園時代の仲間を見つけると、母など眼中になく、飛びはねて喜んでました。でもこの日、早速、お弁当箱を学童に忘れてきて、初日が金曜日で助かったと思いましたが……。

１年後、息子もこんなに親切に、たくましくなるのだろうかと思っていたのですが、下級生を束ねる練習を重ねるうちに、自然と身につくようで、学童保育卒室の頃には、他の学童っ子たちと一緒に、世話好きでたまに一喝する（「うるさ～い！」と言っていたが、あまり聞いてくれなかったらしい）男の子に成長しておりました。一人っ子なのに、ずいぶんと揉まれた気がします。ありがたかった

です。

うちの場合

入学してしばらくはお弁当が必要

入学式は当然給食なし→この日は保護者も休みを取りますよね。でも、親が午後から出勤の場合は、学童保育に行きます。したがって、お弁当が必要です。

入学式翌日は、学校体験などがあって午前中で終わり。よって給食なし→学童でお弁当を食べます。地域差はありますが、入学式翌々日あたりから順次給食が始まっていくようです。

上の子のときは、入学後、給食が始まるまで1週間くらいあった記憶がありますが、末っ子のときは、入学式の2日後には給食が始まりました。ものすごく助かります。この給食のあるなしについての情報は入学式に配布されるプリントでもわかりますが、事前に説明会でも案内があると思います。

学童保育によっては、もしお弁当を忘れてしまった場合、コンビニエンスストアなどで購入してくれて、あとで保護者に請求してくれるという大変ありがたい対応のところもあります。お弁当を忘れるというのは、親が失念していた場合と、親が先に家を出たため子どもが登校の際忘れた場合があります。

お弁当を持って自宅→学校→学童と移動するうち、弁当箱が揺れてひっくり返ったり、気温の差により中身が大変なことになったりしないように、持たせる鞄は工夫が必要かなと思いました。特に新1年生はランドセルを背負ったうえ、セカンドバックを持っていくため、とにかく保育園より荷物が多いのです。学童保育に行くためのお弁当箱も荷物になるので、何かまとめる工夫も必要かなと思いました。

うちの場合

学校給食が始まるまで

保育園最後の翌日、学童保育の初日になり、お弁当を準備する日々が始まります。最初の頃は段取りに慣れず、朝自分が出かけるまでの時間がバタバタでした。ご飯やおかずを冷ます時間のめどや、お弁当箱にどれくらいの種類や量を入れるのかの目安がわかってくると、ある程度ルーチンになり楽でした。でもそれは最初の1週間程度では習得できず、夏休みという長い休みになってようやく慣れた気がします。

子どものお弁当箱が2段なので、下の段はご飯（おにぎり2つか、ご飯を敷き詰めてふりかけ）、上の段は3つ程度のゾーンにおかずカップで分け、1つは卵焼きとウインナー、2つ目は緑の野菜系＆プチトマト、3つ目は唐揚げやシューマイなど。夏休みは冷凍枝豆を隙間に入れて保冷がわり。果物は別の小さいタッパーに分けて、学童の冷蔵庫に入れるようになっています。その他、お箸、お弁当箱を包む布、お弁当箱を入れる袋とすぐに取り出せるようにセットにしておくと便利です。

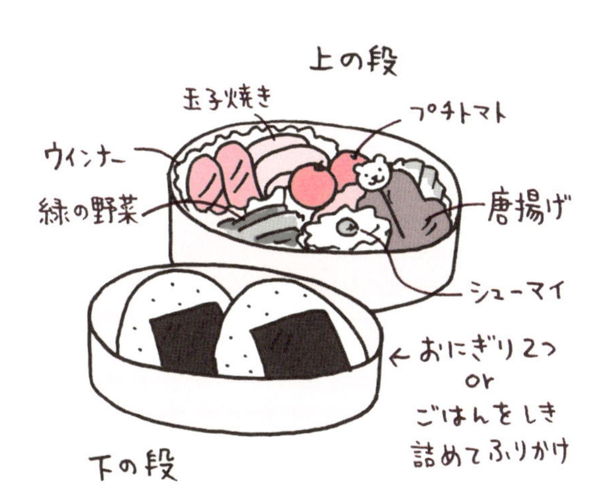

実践編

06

学校行事への親参加どうする？

- 年度初めに出る年間予定表でスケジュール調整。
- 意外に楽しい学校行事。
- 父親も参加して子ども情報を共有。

学校行事のとき、親は絶対に仕事を休まなくてはならないのか、どのくらいの頻度があるのか不安ですね。

小学校では、保育園のときと比べて、平日に行われる行事がぐんと増えます。それも必ず昼間なので、仕事を休まざるをえません。

年間予定表はしっかり手帳に反映すべし。縮小コピーを持ち歩いて、打合せのときに「ちら見」するママも。仕事とのやりくりはたいへんだけど、意外に学校行事を楽しみにしている親は多いのです。保育園より父親の数が少ないかもしれませんが、父親も参加したほうが子ども情報を共有できます。

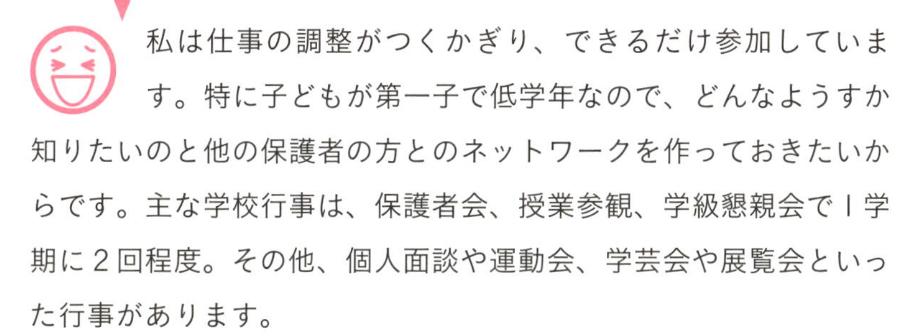

私は仕事の調整がつくかぎり、できるだけ参加しています。特に子どもが第一子で低学年なので、どんなようすか知りたいのと他の保護者の方とのネットワークを作っておきたいからです。主な学校行事は、保護者会、授業参観、学級懇親会で1学期に2回程度。その他、個人面談や運動会、学芸会や展覧会といった行事があります。

学童で一緒の他の保育園出身や幼稚園出身の方など、最初は初めましてですが、何回か顔を合わせるうちに、「この間子どもが○○ちゃんと△△して楽しかったと言ってました」「□□の習い事で一緒ですね」といった話をしたり、仲よくなれば保護者会の前後にお昼や夕飯を一緒にしたりと交流が深まります。

そのほか、読み聞かせや立ち番（守衛さんが不在になる間保護者が門に立つ）といったボランティア、地域の運動会、凧揚げ大会、おもちつき、ベルマーク集めなど、参加できる機会もいろいろあります。普段なかなか他の保護者の方と話す機会が少ないので、情報交換の場という意味では助かっています。

うちの場合

小１の１学期がヤマだった

一番きつかったのは小学校１年の４月。３月も保育園の卒園式関連で平日休みをとらないといけなかったのに、４月は入学式、保護者会、ＰＴＡ総会、引き取り訓練と平日休まねばならない用事が目白押し。しかも初めての小学生母だったこともあり、どれが出ないといけないのか、どれは出なくても（本当は出たほうがいいのでしょうが……）なんとかなるのか、夫や祖父母でも大丈夫なのか全然わからず、とにかく仕事を休んで出ていました。

最も恐れていたのは未知のＰＴＡ活動ですが、委員長や副委員長にさえならなければ、活動が本格的に始まっても、１学期に１回程度、平日の午前中に休まなければいけないだけで、小１の１学期さえ乗り越えればなんとかなると思いました。

学校行事は、子どもの成長も見られるし、学校に出入りするうちに知り合いは増えるし、私は好きでした。

最初の保護者会で配られる年間予定表は家の冷蔵庫にはり、夫にもコピーして渡し、私も仕事用の手帳にはいつも忍ばせて、仕事で何か日程を決める必要があるときにも「ちら見」していました。授業参観週間も、行ける日には行くようにしていました。子どものようすを見るのが楽しかったので。

うちの場合

学年行事がある場合も

学校全体の行事は、年間の行事予定でお知らせがありますので、比較的予定が立てやすいです。

問題は学年独自で企画される行事です。年間予定ではわかりませんので、ここはできるだけ情報収集して、可能な限り見に行ってあげられればとしか言いようがないです。学習発表などは年度末が多いので、家族で手分けしたものの半分くらいしか行ってあげられませんでした。当日は都合がつかないためリハーサルを見に行ったというお宅もありましたので、可能かどうか先生に聞いてみるとよいと思います。

うちの場合

行事への参加は夫婦分担で

親が学校に行く行事は、学期に１度の保護者会、１年に１度の個人面談、学校公開（授業参観）、学芸会・展覧会などの行事、運動会などです。

平日に設定される保護者会はお休みするときがあります。学校ももちろん平日に設定しているということは保護者が全員くることは想定していないので、可能な限りの参加でいいと思います。共働きなら、毎回父母で分担してもいいと思います。

年度初めの保護者会は、クラスでＰＴＡの役割分担を決めることもあるので、欠席はちょっと心苦しいところがあります。

保護者会で驚いたのは、保育園のときは父母での参加が多かったのが、学校となるとほとんどお母さんの出席ということ。地域によっても違うと思いますが……。

実践編

07

担任とのコミュニケーションで困ったら？

- 連絡帳で子どもの情報を交換。
- 伝えにくい問題は電話をかけてもOK。
- アポイントをとったり何げなく訪ねたりして、直接先生と話そう。

担任との連絡手段としては、保育園や幼稚園同様、電話と連絡帳があります。

連絡帳は主に日々の連絡（欠席・体調不良に伴う体育の見学など）で活用することになりますが、子どものことやその他学校生活で気になることを書いても大丈夫です。

ただ、文章でのやりとりだとなかなか聞きたいことが伝わらなかったり、思わぬ誤解が生じたり、といった行き違いが起こる場合もあります。そんな心配があるときは、直接電話をしてもいいでしょう。

「こんなことで電話していいのかしら……」「なんだかおおごとになってしまわないだろうか……」と躊躇したり不安に思う人も少なくないようですが、今、学校は、担任が保護者と話をする機会を大切にしているところが多いのです。最近では参観日とは別に学校開放日を設けている学校も多くありますので、そんな機会に先生と直接話をするのもよいと思います。

うちの場合

連絡帳でトラブルを伝え合う

担任の先生との交換日記。最初の子が１～２年生のときにはクラスの子とトラブルがよくあり、大変頻繁に使いました。

友だち同士のトラブルの報告も担任から書いてありました。親からお願いするときも連絡帳を積極的に使いました。子どもに伝言すると忘れてしまうので。

連絡帳以外では行事ごとに学校からアンケート用紙が配布されます。そこにコメントや感想を書いて提出することになっています。

うちの場合

先生がしっかり受けとめてくれた

長女が１年生のとき、ほかの子どもたちと違う上履きを履いていることで他の子にいろいろ言われたらしく、みんなと同じのを履きたいと言い出しました。たかが違う靴を履いているだけで人にあれこれ言うことを容認するのもいやなので、連絡帳で担任の先生に相談。返事は「そのとおりです。ただ、子どもたちは成長の途中ですので、そうしたことが理解できずに思ったことをストレートに言います。学級でも話し合います。一人ひとりの違いが認められ、大事にできる子どもに育ってほしいと思います」。以来、この先生をとても信頼しています。

うちの場合

学校を訪ねて直接話しました

担任の先生との連絡は、基本的には連絡帳や個人面談ですが、「何か心配なときはご連絡ください」と言ってくれました。年度初めの調査票には詳しくていねいに書くようにしていました。

病気等で休んだり、通院等をした際の状況はこまめに報告をしていました。高学年になると、本人に報告させるようにしました。わが家からの連絡は、具合が悪くなったときやケガをしたときの緊急連絡が主で、保健の先生もよく対応してくださったので、あまり困ることはありませんでした。

相談があるときは、時間割を見ながら先生の空いていそうな時間を見計らって電話をして、アポイントを取って学校に訪ねました。

次男が１年生のときの担任の先生が、「クラスのようすがわかるので、いつでも学校にいらしてください。忘れ物を届けがてらとか、

ＰＴＡとかで学校にきたついでとか、直接出かけるときのお迎えとか、口実をつくるとこちらも構えないのでいいですよ」と言ってくださいました。

仕事をしていますので、そうそう行けませんでしたが、子どもがアレルギーで定期的に通院していましたので、早退のお迎えのときには少し早目に行き、待ちながら子どものようすを見るよう心がけていました。そんなとき、一言くらいなら先生とお話するチャンスがありました。

実践編

08

毎日出る宿題、どうフォローする？

- まず宿題を把握しチェックする習慣を。
- 学童保育で少しでもやってくれたら助かる。
- 家事をしながら宿題フォローも。

Point 保育園時代も、帰宅してから子どもの就寝時間までの数時間は時間との戦いですが、子どもが小学校に入学すると、その時間帯に子どもが明日の準備や宿題を自分自身でやらなければならないという難題が加わります。

学童保育でも、みんなで宿題をする時間を設けてくれたり、「おうちでお約束している人は宿題をしましょう」と声をかけてくれたりします。ただし、学童保育の指導員は勉強は見ないことになっているのが普通で、子どもに強制もしません。あくまでも親子の約束を支援する立場です。

宿題の出し方や分量は、担任の先生によっていろいろ。１年生の最初のうちは、そもそも宿題で何をしていくのか、子どもに聞いてもわからないという事態になることもあります。どうも頼りない場合は、教えてもらえるクラスのお友だちを確保したいところです。先生にも、子どもが理解できていないことは伝えたほうがよいでしょう。

ちなみに、先生の指示についての子どもの理解度はさまざまです。１年生であれば、月齢による差もまだまだありますし、性格もそれぞれです。叱りすぎると、子どもが自信を失ってしまうので、親としてはカリカリしないで、その子どもなりのペースを見守りながら、困っているところは助けるという受けとめ方が必要です。

うちの場合

「やったよ」と言うけれど

うちは学童で宿題をやってくる約束になっていましたが、遊ぶのが楽しくて１年生のときはほとんどやってきませんでした。「やったよ」と言うので、真に受けていたらやってなかったことも。今はちゃんと見せてもらうようにしています。

２年生になって宿題が多くなったので、学童でもやってくるよう

に言っています。ただし、算数ドリルだけ。漢字ドリルは書き順が間違っていることがあるので、私がそばで見るようにしました。

あんまり宿題が多くて絶対にできないと思ったこともありました。そんなときは、連絡帳で「週末にやるから待ってほしい」とお願いしたところ、先生に「わかりました」と快く言ってもらえました。困ったときは、何でも先生に伝えたほうがいいと思います。

うちの場合

家事をしながら音読聞くのもアリ

ついつい、面倒なことは後回しにしてしまうのは大人でも大いにあることで、宿題の「しりたたき」はよくやっています。「先に宿題片づけてから遊ぼう（テレビ見よう）」と促し、宿題が終わると、連絡帳に書かれている宿題内容をチェックします。多いのは、「音読」「漢字ドリル」「計算ドリル」で、マル付けまでするときもあります。

音読は毎日やる宿題です。本当はしっかり聞いてあげるべきでしょうが、忙しいときは家事をしながら聞いています。このあたりは、親のストレスにならないよう適宜調節でいいのではないでしょうか。つまり、子どもの音読を無視するように家事を行うのはＮＧでしょうが、家事をしながらでも、その作品のことで話をしたり、あまりに適当な読み方のときは活を入れたりと、コミュニケーションがあればいいと思います（学校の先生が聞いたら怒られるかもしれませんが……）。

うちの場合

家庭学習の定着という目標

まずは、宿題の内容や頻度の把握が必要なので、保護者会での情報収集は大切です。夏休みなどは、学童保育で勉強

する時間帯を設けていただいたので、そこでできる分もありました。

毎日声をかけて、終わったら確認して誉めてあげる。音読などは、家事をしながらでも耳だけは傾けてあげて、ときにはツッコミを入れたり、疲れているときには、ていねいに読めば1回おまけ♪したりとか、コメントは残るのでていねいに書き、楽しいスタンプを用意したりとか、調子に乗りすぎないようにしつつモチベーションをあげるようにしました。

最初は、家庭学習の定着が目標ですから、「明日のために　その1」という感じですね。

実践編

09

忘れ物対策（授業に必要な物）

- 学校からの情報を上手に受け取る。
- 親は子どもが自分でやるのを応援する立場。
- 子ども自身が失敗から学ぶことも必要。

Point　1年生の保護者をいちばん悩ませるのが「忘れ物」。教科書、ノート、補助教材、宿題のプリント、その他授業で使うために準備する物のほかに、毎日必要な定番の持ち物があって、大人でも管理がなかなか難しいほどの点数になります。まず授業で使う物の忘れ物対策を中心に見ていきましょう。

ここが大事！ 連絡帳

忘れ物防止には、まず学校からの指示を把握すること。連絡帳を見ても子どもの話を聞いてもよくわからないときにはお友だちに聞く。直接、子どもが電話をして聞いたり、親がメールで聞いたり。クラスによって微妙な違いがある場合もあるので、同じクラスのほうがよいかもしれません。

ここが大事！ プリントの整理

ファイルを用意して整理します。子どもが持ち帰る書類は、学校、ＰＴＡ、クラス、学年、地域などからさまざまなお知らせ、小テスト etc. どれもこれもバラバラにきます。それらを瞬時に見分け、分類し、目を通し、取捨選択する。参加しない行事のチラシはすぐ捨てること。ただし、学年だよりやクラスだよりは、「おたよりに書いた金額を封筒に入れて明日持たせてください」などという指示が突然くるので決して捨てないこと。

プリントの内容が解読できないこともあります。困ったら頼りになりそうなお友だちの親に連絡（電話、メール、LINE など）。特に、上にきょうだいがいるママは頼りになります。

ここが大事！ 工作の材料に注意

理科や図工や総合学習の時間に工作で、思いがけないものが必要になることがあります。子どもが突然「明日ビニール袋と毛糸とペットボトル持っていく」などと言い出し、あわてて夜中に買い出しに行くことも。事前に手配を。

ここが大事！ **ノートのマス目、筆箱の中身**

油断しているとノートが突然切れます。夜「国語のノートがない」と言われると本当に困ります。買い置きしていたら、いつの間にかマス目が小さい仕様のものを使うようになっていた、ということも。

筆箱については、鉛筆５本、赤色鉛筆、名前ペン、消しゴム、定規のセットがちゃんと入っているかチェックします（毎日でなくてもいいと思います）。しかし、なぜかなくなっていきます。名前が書いてあるにもかかわらず……。

うちの場合

子どもが自分でするのを応援

帰宅してから親がやること：宿題チェック、音読チェック、プリントチェック、明日の持ち物チェック（これは本人にやったかどうかを確認するだけでもＯＫ）。筆箱整理や机の片づけなども声をかけてあげる。食事の支度をしながら、あるいは寝る前、朝起きてからなど、どのタイミングでやるかは子どもとも相談しました。

保育園時代は、子どもが寝てから明日の支度を親が１人でやっていましたが、子どもにまずやらせる、子どもと一緒にやる、という作業が増えるので、食事の時間や寝る時間が遅くなりがち。ついつい子どもをせかしたり、先回りしてやってしまいがちですが、子どもにまずやらせることが自立への早道。失敗もゆるく笑って見守る余裕をもつようにしたいものです。

うちの場合

失敗してもいいんだよ

最初の保護者会で、担任から「子どもの忘れ物はお母さんの責任。毎日チェックを」と。保育園では３歳くらいから、

「コップとタオルの準備など、子どもができることは子どもに任せて。徐々にできることを増やしましょう」と言われていたので驚きました。保育園の教えを踏襲し、ほとんど本人に任せました。宿題を見たかどうかのハンコも置き場所を教え、本人が押していました。自分でやらないのに押すわけにもいかず、かえってよかったかも。子どもを信じることにもつながります。

２年になると担任が変わり、「持ち物は毎日、私（先生）が子どもに説明します。連絡帳を使うと書いたつもりで抜けるので使わず、話を聞かせます。忘れて困る体験も無駄にはならないので、チェックしたり届けたりしないでください」と大転換。低学年のうちに、忘れ物をして本当に困る経験や、人に迷惑をかけたり、助けてもらったりしてありがたいと思う経験をしておくのは重要だと思います。

下の息子の入学式で校長先生がちょっとしたミスをしたのですが、そのときに新入生に言ったせりふです。「校長先生も失敗しちゃったけど、学校では失敗してもいいんだよ」

実践編

10

忘れ物対策

（たくさんの持ち物）

- 洗濯する物を週末に持ち帰るのがまず関門。
- その日忘れてはならない物を玄関でチェック。
- 「なくし物」対策を子どもと考える。

授業で使う物もさることながら、毎日の必要品がまた多いのです。週に１回持って帰って洗う物もあります。どんなものがあるか、113ページの図にまとめてみました。

うちの場合

ホワイトボードで忘れ物チェック

特に月曜日に持ち物が多くて（給食袋、体操服袋、上靴と上靴袋、習字道具、絵の具、道具箱など）、よく忘れていました。忘れ物をすると子どもが自分で連絡帳に赤字で忘れたものを記入し、担任に見せるという学年もありました。その日に親もチェックしてサインします。

対策としては、玄関にホワイトボードを置いて翌日の持ち物や今週の予定を書くようにしました。「月曜セット」「ハンカチ」「帽子」（１年生は黄色い帽子をかぶって登校する）など。また、習い事に行くようになってからは、「月曜４時テニス」「火曜日５時ピアノ」などと書いたメモをクリアケースに入れて玄関の入ってすぐのところにかけました（忘れて遊びに出かけてしまうので）。

うちの場合

子どもをよく見ていることが大事

わが家の場合、学校へかぶって行ったはずの校帽が家に帰ったらなかったということがありました。どうしてかぶっていたはずの帽子がなくなってしまったのかということを親子で話し合いました。結論は、帽子のゴムひもははずさないでかぶる（笑）でした。また、校帽をかぶって帰ったらよその子のだったということもありました。

名前が書いてあるし、リボンの色などよく見て確かめてとまた親子で話しました。実にいろんなことがあります。

忘れ物対策としては、保護者会などで学校に行った際にプリントチェックをする、洗濯物に出ていないもの（たとえば、ランチマットは毎日、体操服は週末出ているかなど）をチェックする、鉛筆は５本持って行って５本持ち帰っているか、など。

特に、何かの理由で汚れたり濡れたりして着替えた服などは、夏場は臭くなってしまうので、子どもの服装が行ったときと変わってないかなどもチェックしました。

よく考えると、親が子どもに関心を持ち、子どものことをよく見ていれば防げることも多いのかとも思います。

うちの場合

本人にチェックさせることも大事

遠足など行事のときは、普段とは違うものをそろえます。

学校行事ではありませんが、下の子は１年のときから、サッカー合宿の用意を自分でやりました。「しおり」に必要なものが書かれており、それを一つ一つ点検しながら準備するのは１年生にもできるものです。

１年のときからやらせていたと言うと、だいたい驚かれますから、本人の前で言えば、彼はほめられた気分になり、自己肯定感も育めると思います。とはいえ、高校生になった彼が忘れ物をしないかといえば、そんなことはありません。毎朝のように校章を探す愚息です。

忘れ物図鑑

カギ
ビヨヨンホルダーでランドセルにつける派が多数。手さげに付け替えた翌日は要注意。

校帽
「行ってきま〜す」と出て行ったあとに、なぜか校帽が……。

ふで箱
箱はめったに忘れないが、中味がいつのまにかなくなる。

給食袋
中にランチョンマットやマスク（当番用）などを入れて毎日もっていく。いつの間にか少なくなったときは、学校の机の横にいくつもかかっている。

歯ブラシセット
歯ブラシ、コップ、学校によっては歯磨き粉も。

ハンカチ・ティッシュ
服でふいてしまう子どもは多数だが、かわいい専用ポシェットも売られている。

上ぐつ
週末に洗うためにもち帰り、子どもが自分で洗って月曜日に持って行く。

給食当番セット
白いエプロンと帽子が入った白い袋。学校の備品であることが多く、当番だった週の週末にセットを持ち帰り、洗濯してアイロンをかけたものを月曜日に持たせる。

体操服
週末に洗濯のために持ち帰る。上ぐつとともに月曜日の要チェックアイテム。

おどうぐばこ

工作の材料
空き箱、毛糸、布、ペットボトル、牛乳パック、木工用ボンド、たこ糸などなど、思いがけない注文もあり。当日紙袋ごと玄関に忘れて行くという悲しい結末も。

お道具箱
ハサミ、のり、折り紙、クレヨンなどを入れて学校に置いておく。学期末にもち帰ったら、中味がほとんどなくなっていたりする。

楽器・絵の具・習字セット
学年が進むにつれ、いろいろ道具が増えるが、不定期に使うものだけに忘れられやすい。

実践編

11

授業参観・保護者会でのチェックポイント

- 親同士、先生との信頼関係を築く。
- 学校や友だちとのようすを見るチャンス。
- 夫婦で協力して参加。

Point 授業参観、保護者会等の学校行事はすべて昼間にあります。仕事をやりくりして参加するのは大変ですが、たいていの学校では４月上旬に年間の行事予定表が配られます。まずはこれをチェックして、予定に入れておきましょう。

授業参観が学校公開日（週間）として設定されている場合は、他のクラスを見ることもできるし、きょうだいがいる場合は、どちらの教室も参観できます。また、授業参観日として設定され保護者（懇談）会とセットになっている場合もあります。

学校に親がくるのを楽しみにしている子どももいます。どうしても仕事を休めないというときは、「大事な仕事があるからどうしても行けない。どんなようすだったかは、あとでお友だちのお母さんに聞くから頑張ってね」と子どもに説明しましょう。

保護者会は、親同士知り合いになったり、担任の先生との間に信頼関係を築くチャンスです。働いているからこそ、不足しがちなコミュニケーションをこの機会に補いましょう。

うちの場合

保護者会はほかの親との接点作り

授業参観で印象に残っているのは、子どもが４年の３学期。３年のときに子どもたちの心をぐいっとつかんでいた先生が定年を迎え、担任が変わり、なんとなくクラスががたがたしていました。授業は明らかに、子どもたちの興味からはずれ、「これを聞きにぜひ参加を」といわれた発表も、担任自身がつまらなそう。副校長に「大丈夫ですか？」と尋ねたら、「ひどいですねえ」と他人事でした。その担任は持ち上がりませんでした。めったに授業参観には行きませんでしたが、気になるときには出かけて行き、見るべきだと思いました。

保護者会はほかの保護者との接点をつくり、学校のようすを教えてもらうのに役立ちます。男の子はあまりしゃべりませんが、女の子は高校生になっても親に学校であったことを逐一話します。ただ、ほかの保護者の話には「わが子かわいさ」のバイアスがかかっていると受け止めることも大事。それを手がかりに子どもと話せばよいと思うくらいがちょうどよいです。だれよりも自分の子どもを信じることはいつだって重要です。

うちの場合

授業参観は貴重な情報収集の機会

授業参観は、複数日を設けているため、参加しやすいです。学校としても、できるだけ多くの保護者にきてほしいと考えています。学校公開という形で1日オープンになっていますので、同じ学年の他のクラスを見ると、同じ科目なら教え方の違いがわかりますし、その日にない科目のようすもわかるので参考になりました。少し上の学年を見たりすると、次年度の参考になることもありました。

自分の子どものようすだけでなく、今の学校での学習方法、進み具合、クラスや学年のようす、学校のようすなどがわかりますので、貴重な情報収集の機会でした。

授業参観にはそんな感じでずっと行っていたので、大きくなっても「お母さん、恥ずかしいからこないで！」とは言われませんでした。

保護者会は、平日の午後にあることが多いので、働く親にとっては辛いところですが、1年生のうちはできるだけ参加したほうがいいでしょう。学年が進めば要領はつかめるので、先生にきちんと連絡すればなんとかなる場面も出てきます。

うちの場合

パパ助けて！

４年生の上の子と１年生の下の子の保護者会が火・水連日になり青ざめていると、夫が「オレが出てもいいよ」と助け舟。うちの学校の保護者会は母親ばかりなので、夫に頼むのを遠慮していました。

でも、夫も初めて担任の先生に会い、学校のようすも分かり、娘と学校の話がしやすくなったようで、出てもらってよかったと思いました。

実践編

12

PTAにどう参加するか？

- 働き方に合わせた参加のしかたを。
- 「仕切り役」になったほうがやりやすいことも。
- 学校や子どものことがわかって収穫多し。

ＰＴＡはParent-Teacher Associationの略で、児童や生徒の保護者と教員で構成されています。教育の民主化のために、第２次大戦後にＧＨＱ（連合国軍総司令部）によって指示、勧告され、導入された組織です。文部省（現文部科学省）が1947年に「父母と先生の会」の設置を進めました。それまでにも「父兄会」等がありましたが、「民主化」を目的として再編成したのです。

ＰＴＡは、本来、保護者と教師が協力して、子どもたちの健全な発達のために、教育環境を充実させたり、会員同士の親睦を図るために活動するものです。

とはいえ、今、現実には保護者が、学校の下に置かれるところが多いように思います。作業や活動は保護者が担い、土曜日のPTA行事に先生がこないこともよくあります。広報誌などは先生の「上から目線」のチェックが入ることも少なくありません。

うちの場合

いっそ「仕切り役」に

息子の小学校には、役員、幹事（クラス委員）、広報、保健厚生、地区、卒業対策（６年のみ）などの仕事がありました。小規模校に子ども２人が通う間、いくつか委員をやりました。広報のときは「なんでもやるから委員長になって」と言われて引き受け、部会は土日にファミレスなどで開きました。平日昼間の仕事はやらず、土日と夜などにできることのみをやりましたが、モノクロ紙面をフルカラーにし、予算も20万円から８万円に圧縮。全員で達成感を味わいました。

「子どもが主役」を貫こうと、ある男児の作文を削ろうとした先生のチェックに激しく抵抗し、そのまま載せたこともありました。いっそのこと「仕切り役」を引き受けてしまうのは、手かもしれません。

うちの場合

働いている人にも無理のない運営

わが家の場合、いずれやらなくてはならないという思いもあり、１年生の保護者会のとき、校外生活部に手を挙げ、さらに、初めての部会ではみんなの「だんまり」に遭い、なり手のいない副部長をやりました。

副部長の仕事は、主に携帯メールで行う緊急連絡網の作成・管理や、春・秋の旗振り、地区班活動の調整、学校行事のパトロールなどで、月に１度打合せを行いました。部長も働いている方だったので、ミーティングは土曜日に設定、正副部長の出席が求められるＰＴＡの役員会は無理に出ず、部員に代理出席してもらう、旗振りは朝から仕事がある人ははずしてもらうなど、働いている人にも無理のないように運営しました。

それでも配布物の印刷や作成など拘束時間は結構なものになりました。正直しんどいときも多かったのですが、学校と子どもたちを、先生だけでなく保護者、地域の人など、さまざまな人が支えていることがわかり、やってよかったと思いました。

うちの場合

学校に行く機会が増えてよかった

子どもの学校は、１児童につき、必ず１回はＰＴＡの委員をする決まりでしたので、私は最初の１年で広報委員をしました。先輩ママに聞いていたのは、学年が上がると競争率が上がり、なりたくてもなれないことがあるので早めがいいこと、小学校では先生とのやり取りは連絡帳のみ、かつ子どもは学校のようすをなかなか話さないので、自分で学校に行く機会を増やせてよかったということでした。

ＰＴＡ委員も、委員長など３役になるとそれなりに学校に行く必要がありますが、普通であれば月１～２回程度で済むと思います。広報委員は、学校行事などの写真撮影など平日昼間に出向くこともあり、半休を取ったり、在宅勤務などを工夫して乗り切りました。フルタイムの人は、自宅でできるアンケート集計や原稿チェックなどを分担しました。

「働いているのでできません」ではなく、自分にできる形で参加すれば、意外に楽しい時間だと思います。何よりも学校に足を運ぶと子どもが喜び、まわりの子どもたちも顔を覚えてくれ、先生たちが見えないところで子どものためにさまざまなことをしてくれていることを垣間見られたのがよかったです。

うちの場合

他の学年の話が聞ける

なるべく低学年のうちに自分にできそう、面白そう、と思える気に入った委員を一度は経験することをお勧めします。学校のようすやしくみがよくわかります。担任の先生と自分の子や他の子について深く話をする機会も増えます。他学年のママやほかのクラスのママとも顔見知りになると、高学年の生活や学業について教わったり、普段子どもから聞けない話が聞こえたりもします。

実践編

13

登校班・パトロールのお当番はどうする？

- 会社に遅刻？　意外な「カベ」だけど……。
- 子どもたちの安全を守る活動。
- 仕事の時間をやりくりしよう。

Point 子どもを狙う事件が後を絶ちません。そのため、集団で登下校を行う地域が増えてきているようです。「集団登校」は近所の子どもたちが班をつくり、高学年の子どもが班長となり、みんなを先導して登校します。

学校によっては登校班の付き添いや、横断歩道で旗を持って子どもを見守るなどの親の当番があります。働いている親にとって朝の時間をとられるのは手痛いのですが、自分の子どもの安全のためなので、夫婦交替でやりくりしたり時間休をとったり、なんとか協力する方法を考えましょう。

高学年といえどもたくさんの下級生を先導する班長さんは大変。お兄ちゃんやお姉ちゃんの言うことを聞くことや、ふざけないで歩くことなどは、前もって親から子どもに話しておきましょう。集合場所や時間などは決まっているので、事前に確認して遅れないようにします。

逆に、登校班がないと、入学当初は特に心配です。近所で一緒に登校してくれる上級生を見つけられれば安心です。

うちの場合

親の当番はできるだけ協力

うちの子が通う学校では、登校班の付き添いや、横断歩道で旗を持って子どもの横断を見守る当番があったりして、保育園時代には考えられなかったような役割に驚くことも多くありました。働いているとどうしても敬遠しがちですが、むやみに断ると反感を買う場合も多いので注意。そんなときは、できない事情をきちんと説明すればわりと理解されるものです。

また、子どもは誰の親が当番をやっているか、意外に見て気にしていますし、融通のきく職場なら、1日有休や半休を取らなくても、出社時間を1時間繰り下げるなどで対応できる場合もあるので、相談してみてもよいと思います。可能なら当番を登校のある土曜日にしてもらうなど、具体的に代案を出してできる範囲で協力する姿勢を見せることが大切だと思いました。

うちの場合

登校班に置いていかれて

うちの地域は集団登校ですが、その年はマンションでたくさんの1年生が入学。登校班の班長さんも1年生の顔がなかなか覚えられなかったらしく、うちの子はよく置いていかれました。登校班で登校しないときは、保護者が登校に付き添わなくてはならなかったため、私は会社に遅刻。たった10分のために有給休暇をたくさん使いました。

うちの場合

忘れ物に気づくチャンス

うちの小学校は、班で集団登校をしています。このメリットは、忘れ物チェックになること。たいてい班には同じ学年、うまくいけば同じクラスの子がいますので、体操着、絵の具、習字の道具などのようなものは、集合場所でお友だちが持っているのを見て自分が忘れていることに気づき、家に取りに帰る子が、わが家に限らず結構いました。

うちの場合

パトロールは半日休暇を取って参加

うちの学校では、パトロールは全家庭に分担されていました。複数人で行いましたが、私は、夕方休暇を取って参加しました。事前に予定が組めるので、ほとんど苦労がありませんでしたが、勤務地が遠かったときは、少ない休暇の中での半日休暇は痛かったです。

　年配の上司も、ＰＴＡ活動で親が学校へ行くことが多くなるのは理解してくれていたので、事前に日程が組めれば、比較的休暇は取りやすかったです。職場の面談のときに「いつもお休みをたくさんいただいてすみません」と上司に言うと、「あなたは計画的に組んでいるし、今はそういう時期なのだから、お子さんのことをしっかりやってあげなさい。まずは、家庭がしっかりしていないと、仕事にもじっくり取り組めませんから」と言ってくださいました。

　パトロールは地元なので、おばあちゃんが参加されているお宅もありました。

実践編

14

親同士・地域のおつきあい

- 小学生になると地域の見守りの大切さが増す。
- 気をつかいすぎず、連絡は取り合う。
- 自然であたたかい地域関係は快適。

Point 子どもが小学生になると、１人で外を歩き回ったり、友だちの家に遊びに行くことも増えるので、親同士や地域の見守りが重要な意味をもつようになります。

親が働いている家庭でも、休日には子どもがお友だちの家に行ったりお友だちが遊びにきたりすることもあるでしょう。親同士で気をつかいすぎる必要はないと思いますが、子どものようすを伝え合ったり、お礼を言い合ったりなどは毎回でなくてもできたほうが安心だと思います。

働いていないママたちとのおつきあいも増えますが、小学生を育てる親同士、学校のこと子どものことなど話題には事欠きません。１年生の最初の保護者会や行事の機会には、積極的に周囲の人とコミュニケーションをとってみてください。ＰＴＡや学童保育の父母会なども、おつきあいを広げられる機会になると思います。

うちの場合

過剰にならない程度に気をつかう

学校関係のお母さんたちとは、ＰＴＡ活動や行事の機会に顔見知りになり、町で会ったときに挨拶するくらいの関係ですが、「おつきあい」について、特別に意識することはありませんでした。「仲よし」というほどの間柄でなくてもわからないことを聞いたりすると、みんな快く教えてくれます。

子どもがお互いの家を行き来する場合は、子どもにようすを聞いて、家まで送ってくださったときなどは電話でお礼を言ったりしました。小さいうちは、誕生会に招いていただいたときにお礼の手紙を渡したこともありました（招かれた人数が多かったので）が、子どもがある程度の年齢になったら、子どもが出かける前にきちんとご挨拶するように声をかけ、帰ってきたらご挨拶がちゃんとできたかを確認するくらい。遊びに行った先でおやつをご馳走になったときは、子どもから聞いてチェックしておいて、帰省や旅行の機会にお茶菓子などのお土産を買って帰りました。

私は普段は家にいないため「お互いさま」にはなりにくいので、そこは過剰にならない程度に気をつかいました。

うちの場合

1年生の約束って……

休みの日に遊ぶ約束をしてくることがありますが、1年生の約束は微妙です。時間や場所の決め方がいい加減で行き違ってしまうこともあります。なりゆきでゲームがある家にみんなで行ってしまったのだけれど、親同士の面識がない家だったこともありました。こんなことも、あとで親が連絡を取り合ってわかったりするのです。

そんなわけで、子どもが一緒に遊んでいるお友だちの家庭とはなるべく連絡を取り合うようにしています。

うちの場合

同じマンションに上級生がたくさん

私の場合は、同じマンションに同じ小学校の上級生がたくさんいて、とても助けられています。

行き違いがあってカギがなくて子どもが家に入れないというときも、上級生の家で待たせてもらったりすることがよくあります。小学校の場合、欠席の連絡は電話ではなく「連絡帳をほかの誰かに持たせる」という方法でするのですが、そんなときも、マンション内だとパジャマ&すっぴんで連絡帳を届けに行けます（学童の欠席は電話連絡が必要ですが、これをよく忘れます）。

うちの場合

「息子」が増える帰り道

うちの学童は、夜7時まで開所していて、原則お迎えが必要ですが、「ひとり帰り」もできます。指導員も心得ていて、「ひとり帰り」の子どもは、できるだけ、同じ方向に帰る子ども同士か、お迎えにきた別の児童の保護者にくっつけて帰してくれます。

私もときどき2、3人の男の子を連れて帰っています。

大人の足だと10分もかからない道を、ふざけたりしながらチンタラチンタラ歩くのですが、家族のこと、学校や学童であったことなどいろいろ話が聞けて、おもしろいです。

こんなふうに男の子が自分からしゃべってくれるのも、きっとあと1、2年の間かなあと思いながら、学童仲間の関係を楽しんでいます。

実践編

15

父親の学校での出番をどうする？

- 家族にとって
  父親が学校にかかわるメリットは大。
- 探せばいろいろある父親の出番。
- 運動部のコーチで大活躍のお父さんも。

学校での授業参観や学校行事などで、父親の姿を見ることが以前より多くなりました。学校のことも“母親任せ”にするのではなく、積極的に関わろうとする父親が増えているようです。

授業参観で父親の姿を発見した子どもは見守られていることを感じるでしょう。学校行事のボランティアで活躍する父親の姿を子どもは誇らしく思っています。父親も学校のことがわかったほうが、子どもとのおしゃべりのネタが増えます。学校にかかわる悩みを父親・母親で共有しやすくなるのもメリット。父親の母親とは違う視点が問題解決に役立つこともあります。学校での父親の出番を増やすことは、単に父親と母親が子育てを分担するという以上の価値があるのです。

うちの場合

運動部のお手伝いへの参加多し

ＰＴＡはなぜか「お父さん」をもてはやす「お母さんワールド」。ですから、父親が委員を引き受ければそれは喜ばれるでしょう。委員長などに祭り上げられるかもしれません。それほどやる気はないが少しは関わりたいという場合、行事にこまめに顔を出し、そこでお手伝いする方法はあると思います。

息子の学校には運動部があり、父親の参加が多かったです。バレーと卓球、バスケットでそれぞれに年１回、区立各校対抗の大会が開かれます。実は、毎週練習があり、練習の準備も自分たちでやるので、普通の委員よりよほど大変なのです。けれど、うまくいけばご近所にいい仲間がたくさんでき、子どもたちにとっても、大人の知り合いがたくさん増え、人生論なんてものも学んでしまうかもしれません。

うちの場合

お父さんの出番いろいろ

おやじの会＝学校には「おやじの会」という組織がある場合もあります。主にお父さんが主催してキャンプや災害体験、餅つきやお祭りのやぐらやテントの設置などの力仕事を担当してくれる存在です。

以下、父親には限りませんが、保護者や地域の人がかかわれる活動はいろいろあります。

図書ボランティア＝図書館司書がフルタイムでいない学校では、蔵書の整理を手伝うこともあります。また月に１回程度（あるいは読書週間中など）、子どもの学年のクラスで朝の１時間目の前に20分ほど読み聞かせ（朝読書補助）をします。

土曜学校の指導員＝土曜の授業やその他総合学習の授業の手伝いなどをします。地域のいろいろな大人が関わって教育をサポートしています。

クラブのコーチ（監督）＝小学校の野球やサッカー、ミニバスケットボールチームのコーチとして週末の練習に参加したり、試合の引率をしたりします。お父さんが活躍できる場面かも。

その他、学校を支援する活動には、学校行事の際の受付やパトロール、子ども会活動、体力測定の手伝い、プール掃除、校庭の落ち葉掃除ほか、さまざまなものがあります。

うちの場合

「求む、親父の力」

共働きの家だと、学校、ＰＴＡ、学童保育の行事すべて母親まかせにはできないと思います。どうしても双方の仕事の都合などで役割分担をしていくことになります。

ＰＴＡは会合が平日の昼間中心なので、父親の参加はなかなか進みませんが、お祭りのやぐら作り、夜の縁日のパトロールなど、イベントのときに「求む、親父の力」を訴えています。

ただプリントを配っただけでは、母親中心のＰＴＡ活動に父親は積極的に手を上げてくれません。でも、イベントが好きな人、いろいろな特技を持った人には、実は参加したい人がいるはずです。「あそこのパパは○○なら受けてくれる」といった情報を積極的に収集して一本釣りしていくのもいいと思います。

うちの場合

ビオトープづくりに参加

「ビオトープづくりのボランティア募集！」というチラシを小学生の息子が持って帰りました。木を植え替えたり、池を掘ったりという力仕事でしたので、父親である私が参加しました。思った以上に大変でしたが、小学生の子どもたちに見守られながらの作業は少し誇らしい気分でした。

完成してから数年経ちますが、今でも子どもたちに手入れされているビオトープを見ると、いい記念になったと思います。

実践編

16

不審者、災害、警報のときどうする？

- 災害時の学校や学童保育の対応を知っておく。
- 帰宅難民化を想定して連絡方法を考えておく。
- 不審者遭遇のときの対応を子どもに教える。

2011年の東日本大震災はさまざまな教訓を私たちに残しました。震災発生直後は、安否確認による電話が混雑し、非常につながりにくい経験をした方も多かったことでしょう。

学校や学童保育では、災害時の対応マニュアルが作成されています。小学校の授業中の場合、通学途中の場合、学童保育にいた場合など、それぞれの対応が決められています。各家庭のパソコンや携帯電話に連絡してくれるメール配信システムも整備されています。学校や学童でも説明があると思いますが、各家庭でも災害時に備えて、連絡方法や子どもの引き取り方法について、事前に決めておく必要があります。

地震以外でも、台風（大雨）や大雪の際には、休校や早退の場合もありますので、その対応も必要です。

また、最近では子どもに関する事件等も増えています。いわゆる不審者があちこちで報告されています。不審者に遭遇したときの対応（大声を出す、近くに逃げ込む等）も親子で相談しておく必要があります。

うちの場合

学校や地域の取組みに守られて

息子が小１のころ、誘拐事件などの犯罪が全国的に立て続けに起き、学校でも防犯教育にはかなり力を入れていました。学校（ＰＴＡも含む）からのメール連絡網への登録が始まり、避難訓練はもちろん、引取り訓練もよくやっていました。でもいちばん効果があると思ったのは、地域の方（老人会とか）が、自主的に防犯パトロールにも取り組んでくださったこと。

不審者という言葉だと、子どもはイメージできないようです。だからと言って、あまり言いすぎると子どもが不安になるので、「お父さんやお母さんが話したことがない人にはついていかない」「もし知らない人にどこかへ連れて行かれそうになったら、大声を出して別の大人に『助けて！』と叫ぶ」「持っている防犯ブザーを鳴らす」くらいは息子に教えていました。

うちの場合

学校・学童クラブでの緊急対応を確認

2011年３月11日のあの時、14時46分という時間は、学校や学年によっては授業中や下校途中だったり、学童クラブに向かう途中や学童に着いていたりとさまざまだったと思います。都内のうちの学校ではまだ授業中だったため、担任の先生が子どもたちを教室で待たせ（防災ずきんをかぶって授業のおさらいをしていました）、各家庭の引取りを待ってくれていました。

子どもたちがいた場所によって学校の担任や学童クラブの指導員が子どもの安否確認も行ってくれました。交通機関が止まり職場から帰ってこられない保護者の迎えを待って学童クラブで一晩過ごしたお子さんもいました。その後、学童クラブでは学校とは別に緊急時の物資や非常食の備蓄などを始めました。自治体や学童によっても違うと思いますが、子どもの通う学校・学童クラブで緊急時にどのような対応をされるのか、確認することをお勧めします。

うちの場合

緊急時にお迎えに行ける人を手配する

大雨のとき、学校から一斉メールで連絡があり、「お迎えにこられる方は○時頃より順次帰しますので迎えにきてください」と言われました。急には行けないので、学童クラブの児童はそのまま教員が付き添って学童クラブまで連れて行ってくれたようです。

いざというときに備えて、緊急時に迎えにいける人を手配しておくとよいかもしれません。９月の防災の日前後には、引取り訓練もあります（避難訓練で全員校庭に避難。その後、親が迎えにきて担任から引き渡され、防災ずきんをかぶって帰宅）。

うちの場合

１人のときの留守番対策

子どもが帰り道、不審者に遭った場合、家に帰っても誰もいません。交番へ駆け込む、学校へ戻り先生や主事さんに助けを求める、駅に駆け込む、近くの児童館や出身保育園等に駆け込むなどの対応を教え込むしかありません。

子どもが１人で留守番するときの注意事項は、

①家に入るときは、インターホンを鳴らして「ただいま〜」と言いながらカギを開けて入る。

②モニター付きのインターホンにして、知らない人は出ない。

③電話はナンバーディスプレイにして着信鳴り分け機能を使い、登録外は出ない。

などで、これを繰り返し子どもに言い聞かせました。

実践編

17

「なぜお母さんは家にいないの？」と聞かれたら

- 仕事の大切さを子どもに伝える。
- 不安を和らげるいろいろな工夫。
- 「お帰りなさい」と言ってくれる場としての学童保育。

Point 仕事をしていることに自信も誇りも持っているけれど、「なぜお母さんは家にいないの？」という子どものひと言、胸にこたえますね。お母さんは子どもが学校から帰ってきたとき、「お帰りなさい」と言って迎えるべきであるという考え方も根強くあります。学童保育から帰ってきて、自分でカギを開けて家に入り、留守番をするわが子の姿を想像して胸が苦しくなっているママやパパもいるかもしれません。

先輩たちも、自宅の電話に携帯電話の番号を登録しておき、子どもが帰ったらかけさせる、子どもが帰るころを見計らって親が電話をする、親と子の連絡ノートを作って「お帰りなさい。おやつはテーブルの上にあります」などと書いておく、など親子双方の不安を和らげるためにいろんな工夫をしています。

もう１つ大切なことは、学童保育が子どもたちにとって「お帰りなさい」を言ってくれる場であるということ。このことを、指導員の先生、親と子で確認し合っておくことも必要でしょう。

子どもは日々成長しています。いつか「大人のいないこの時間が最高！」なんて思う日がくるでしょう。そういう日がきたときに、さびしく思うのは親のほうだったりして。

うちの場合

そんなこと聞かないでオーラ

子どもは３人いますが、一度も聞かれたことはありません。私の母親はフルタイムで働いていましたし、私自身も、保育園→近所の人→祖母→母という生活でした。私も働くのは当たり前、きっと子どもたちにも“そんなこと聞かないでオーラ”をギラギラと発しているのかも。もしも聞かれたら「だって働いてるから」ってそのまま答えます。

でも、そんなふうに質問する子どもは、たまには「ただいま～！」

と言って帰ってきたら親が家にいて「お帰り〜」って言ってほしいのかなあと思うので、それなら1学期に1回くらいは休んでもいいかな、と思っています。そういえば私も小学生のとき、雨が降ると下校時間に傘を持って校門そばで待っているほかの子のお母さんがうらやましかったです。

うちの場合

たまには親子でスキンシップ

「お母さんはなぜ家にいないの？」と聞かれた方っているのでしょうか。逆に、私は息子に同じことを聞いてみたことがあるのですが、「働いているから」という答えでした。保育園時代から、本来の意味は分からずとも両親が働いているということは子どもながらに認識しているようです。

小学生にもなるときちんと話ができますから、もしまた聞かれるようなことがあったら、多分「自分はどんな仕事をしているか」「大変なことも多いけれど実りもある」と自分の仕事を正直に話すと思うし、きっとわかってもらえると思います。

息子はお父さん大好きっ子なので、激務で深夜帰宅の夫がたまに早い時間に帰宅すると大はしゃぎ。でも（夫の話だと）、一緒に入ったお風呂でさみしさからかべそをかいていたそうで、子どもなりに頑張っているんだな……と。せめて仕事がほどほどの時間に終わって、夜は家族全員で過ごせるといいんだけど。

うちの場合

職場の姿を子どもに見せる

ある学習会で、子どもにとっての「小1のカベ」の1つは、「お母さんが家にいる子といない子（自分のように）がいることを知ること」と聞き、衝撃を受けました。

保育園や幼稚園の預かり保育では、時間が早い遅いにかかわらず、どの子もお迎えがきて帰るという点で平等なのに、小学校に上がるとその現実が崩れる。「なんでウチのお母さんはいないの？」という疑問に子どもが直面するというワケです。

わが子からその質問はまだ受けていませんでしたが、「ママはお仕事だよね？」と聞いてくるときの子どもの無表情なようすが以前から気になっていました。

子どもに申し訳ない気持ちが反射的に湧くと同時に、なぜ働いているのかをちゃんと子どもにわかっていてほしいと思いました。その後、休日出勤のとき、子どもを連れて行ってみることにしました。「一緒に行く？」と聞くと、意外にもうれしそうにノリノリのようす。私が仕事をしている間、姉妹で本を読みあったり、いろいろな種類のパソコンを眺めたりしながらおとなしく待っていました。帰路、私のランチの行きつけの店に寄り、アイスをサービスしてもらって満足気な子どもたち。

こんなことを２、３回繰り返した後、仕事に出かける私への子どもの表情が、ふっきれたように変わりました。あぁ、安心したんだな、と。「家にいないママが自分たちのためにお仕事している」姿をリアルに分かって、落ち着いたようです。

実践編

18

留守番をする時間がある

- 子どもと話し合って決める。
- 休日などに留守番の練習をしておく。
- 困ったときに駆け込める場所を確保。

子どもが家で留守番をしなければならない時間があるとわかったとき、多くの親が「小１のカベ」を実感します。

以前は子どもに留守番をさせている就労家庭はもっと多かったのですが、最近は学童保育の時間がのびて助かっていると思います。それでも、留守番する時間ができるようなら、子どもとも話し合い、積極的に安全策を講じて留守番体制を整えましょう。ポイントは、おおまかに次の４つ。

①帰宅路の安全確保（実践編３参照）
②カギを使いこなせるようにする（実践編19参照）
③困ったときに頼るところの確保（隣近所、保育園、学童）
④留守番中のルールを決めておく（実践編19参照）

なお、できること・できないことは、子どもの月齢や性格にもよりさまざまです。子どもに合ったやり方を考える必要があります。ふだんの生活や練習してみる中で、わが子の力を見きわめ、留守番対策をしましょう。

留守番が無理という場合は、

①祖父母にきてもらう。
②ファミリーサポートセンターなどを頼む。
③隣近所や親が早く帰れる友だちの家で待たせてもらう。
④民間の放課後サービスなどを利用する。

などが考えられます。

うちの場合

留守番は少しずつ練習を

小１になっていきなり「今日から留守番お願いね」というのは、子どもによっては無理があります。保育園の年長さん後半くらいから、土日のちょっとした時間に、30分くらいから留守番の練習をするといいかなと思います。

うちの息子がよく忘れたのは、外から帰ってから家にカギをかけること。親がやっていると案外忘れちゃうもので、息子と外から帰ってきたときには、息子にカギをかけさせるようにしました。少しずつ練習していくしかないでしょう。そのうち子どものほうがしっかりしてきます。

うちの場合

入学前に隣近所に頼みました

同じマンションの小学生がいる専業ママたちとは、立ち話を何回かした程度のおつきあいでしたが、入学前に娘を連れて挨拶に行き、「4月からこの子が家で留守番をします。もしも何か困ったときは、こちらにこさせてもらってもいいでしょうか」とお願いしました。みんな快く承諾してくれました。

下の家にゲーム機があり、1年生の夏ごろ、入り浸っていたことがありましたが、それでは困ることを話すと、ちゃんと家に帰るようになりました。それからは家でテレビを見て親の帰りを待っていました。

うちの場合

子ども自身の願いに寄り添って軟着陸

上の子が1年生のとき、下の子は2歳児。学童が終わるのは午後6時、保育園は7時。学童と家は2分ほどの距離だったので、それほど心配していなかったのですが、入学当初は上の子が下の子のお迎えに行きたがりました。6時40〜50分に上の子が待つ自宅に寄り、2人で保育園へ。下の子に手のかかる時期でしたが、上の子と2人だけの10分ほどの時間が持てました。6月ごろだったか、「もう行かない」と1人で留守番するようになりました。軟着陸していったと思います。

うちの場合

留守番はイヤと泣く娘

私は雑貨専門店に勤務しています。勤務地は遠く、学童の6時のお迎えにどうしても間に合いません。留守番ができるかどうかの話も娘としたのですが、留守番の話をすると泣いて嫌がる毎日でした。

しばらくの間、夫と休日を別の日に取り、夫が休みの2日は私がフルタイム勤務をし、残りの3日をシフトとして早く帰る変則勤務にしてもらいましたが、夫の出張等もあってついに労働時間が規定を下回り、足りない時間の給料の返却か1日も休まず働くかの選択をせまられました。

結局、自分で学童保育運動をして学童保育室の時間延長を要望するか、会社に労働時間短縮制度（ケアタイム）を小学校以上に延長してもらうかのどちらかでしか、仕事を続けられないことがわかりました。子育てと仕事の両立で一番のピンチはこのときでした。もうやめるしかないのかなあと思いました。

そうこうしているうちに自宅の最寄り駅から電車で10分程の駅前に新店舗の出店が決まり、異動することになりました。そして学童保育運動が実り閉室時間が夜7時まで延長されました。こうしてぎりぎりお迎えに間に合うようになったのでした。

実践編

19

留守番で起こりがちなトラブル対策

- カギの管理が重要。
- 家での過ごし方についてルールを決める。
- 防犯対策はしっかり教える。

子どもが１人で留守番をするとき、起こりがちなトラブルがあります。先輩たちの経験を分類すると、

①カギを忘れる、なくす。

②家の中で困ったことが起こる。

③防犯上危ないことが起こる。

など。具体的な注意点としてこんなことが挙げられます。

カ　ギ

- プラスチックの伸び縮みするスプリングがついたキーホルダーで、ランドセルにつけ内ポケットにしまうと使いやすい。
- カギを見えるところにぶら下げるのは狙われる危険がある。
- ランドセルからはずして手さげバッグに付け替えたりした翌日などは要注意。カギをそのまま忘れて行くことが多い。
- カギの開け閉めの練習もする。

家の中

- コンロを使って近くの物が燃えた事件あり。火は使わないなど、ルールを決めておく必要あり。
- 友だちを連れてきていいかどうか、ルールを決めておく。１人ではやらないような危ないことを集団ではやってしまうことがあるので要注意。

防　犯

- カギを開けたり家に入るときに周囲に注意することを教える。
- 家に帰ったらカギを閉める習慣をつける。
- 電話がかかってきたとき、荷物が届くなど訪問者があったときの対応を決めておく。
- 緊急時に駆け込むところを決めておく。

どの程度用心すべきかは子どもの成長度や周囲の環境にもよります。子どもの力を信じて任せること、子どもの力では解決できないことが起こらないようにすることの両方が必要です。

うちの場合

雨の日の帰宅

下の子を保育園に迎えに行ってからの帰宅だったので、長男は毎日１人で家のカギを開けＴＶを観て待つのが日課でした。

その日はどしゃ降りの雨。暗い家の玄関前では放り出されたランドセルと傘、サブバックも地面に落ちていてドロドロ、そして長男が雨の中ずぶ濡れで佇んでいました……。

どうも傘や荷物が多くて、ランドセルの中のカギがうまく取り出せず、すべてを放り出したところに出くわしたようでした。荷物の多いときは学童を出る前にカギを出しやすいようにしておくことを教えておけばよかったと反省しました。

うちの場合

親不在の家では遊んではいけない？！

特に共働きの家では、日中は目がゆき届かないので、友だちを家に入れて遊ぶ中でトラブルはないか心配な部分があります。

わが子も、友だちと約束をして自宅の中で遊んでいました。初めのうちはせっかくの友だちだからと大目に見ていましたが、どうも遅くまで帰宅しないようすがうかがえたり、親の寝室の布団の上で遊んでいたりと気になるところがあり、どうしたものかと思っているうち、相手方の親との間で「親の不在の家では遊んではいけない」というルールができ上がってきました。

親の顔が見え、何かあれば相談し合うラインがあるのがベストですね。

うちの場合

留守番のお約束1

オートロックのマンションでしたが、インターフォンが鳴っても（防犯カメラで誰が来たかはわかる）、親でなければカギを開けないとか、電話はナンバーディスプレイに申し込み、父、母、祖父母以外のときは出ないとか、入学前から教えました。そのほか、火（コンロ）は使わない、カギはなくさない、学校の校庭や公園に遊びに行くときには必ず親の携帯に電話する、などの基本的なルールは一つ一つ教えていくしかないですが、ルールを守ったときにはほめることを繰り返していったせいか、小学校入学までには自然に身につきました。

うちの場合

留守番のお約束2

大人がいないときは火を使わない約束をして、その代わり、電気ポットや電子レンジを使えるようにしました。学校や学童から帰って、お腹が空くようなので、何かしらおやつを作って食べられるようにしました。

また、何かあったらどこへ電話をするか順番を決めました。

実践編

20

指導員とのコミュニケーションはどうする？

- 連絡帳を活用する。
- 学童保育に足を運ぶ。
- 電話はなるべく子どもがいない時間に。

Point 保育園時代に比べて、親から学校や学童保育での子どものようすは見えにくくなりますが、小学校の低学年の子どもは困っていることがあってもまだ大人に上手に伝えられないことも多いので、親や学校の先生、学童保育の指導員の間のコミュニケーションは重要です。

学童保育とのコミュニケーションのいちばんのツールは連絡帳です。残念ながら最近はないところもありますが、ある場合は大いに活用しましょう。子どもの体調、ちょっと気になる行動など、心配なことは相談してみてください。学校は「勉強する場」ですが、学童は「生活の場」です。生活のいろんな場面を見てくれている指導員ならではの「気づき」があるでしょう。

電話で相談ごとや連絡をしたい場合は、保育中は避けます。ほとんどの学童保育には事務職員はいません。指導員が電話に出てしまったら、保育が手薄になります。午前中など子どものいない時間帯のほうが落ち着いて話ができるでしょう。

うちの場合

送迎のときに話ができて安心

学童に行かなかった場合にすぐに連絡をもらえるように、欠席連絡だけはきちんとするように心がけていました。電話だと会議等で連絡しそびれてしまうことがあったりするので学童専用の連絡帳（大きさもあえて学校用と違うものにしました）を準備し、事前にわかっている場合には連絡帳＋前日のお迎え時に言っておく、当日の場合には子どもが連絡帳をもっていったん学童に行く、というスタイルを作りました。

子どもに心配事があるときにもその連絡帳に書いて持たせると、ようすをよく見ていてくださって、お迎えに行ったときに指導員からその日のようすを聞くことができました。

買い物にも行かなくちゃ、夕食の支度もしなくちゃ、という気ぜわしい時間帯でのお迎えですが、毎日のちょっとしたコミュニケーションを通して指導員との信頼関係を作る努力をしてきましたので、何かあったときにはすぐに相談できましたし、逆に連絡をいただくこともできました。

うちの場合

なるべく立ち寄るようにした

学童の保護者会や個人面談は積極的に参加しましたが、それ以外でも、可能な限り足を運びました。

たとえば、親の通院や兄弟の保護者会などで休暇を取ったときには、できるだけ迎えに行って、学童のようすを見ながら、指導員と流行っている遊びなどの世間話をしたりしました。

子どもたちのようすを見ながらなんとなく話していると、自分の子どものことだけでなく、全体の話や指導員が苦労されていることもわかったりします。こちらも、何かのときにはそれを踏まえたお願いのしかたをすることができました。

うちの場合

しっかり娘を見ていてくれた

ふだん学童のお迎えには行っていないのですが、最初の学校の保護者会があったときに、初めて学童保育にお迎えに行きました。そのとき、同じ1年生のお友だちから、「○○ちゃんが△△ちゃんと遊ばないから私も遊ばないの」と娘が仲間はずれになっているかのようなことを言われて大ショック。心配になって、時間を見つけて指導員の先生に電話をかけました。すると「△△ちゃんは、畳のコーナーで1人で本を読んでいることが多くて、お友だちに誘われても外に行きたがらないのよね」と、いかにも娘らしい姿を伝えられ、そうかもしれないと思いました。同時に、先生が娘をしっかり見てくれていることがわかって、ほっとしたのでした。

そんな娘も、先生が上手に誘ってくれたようで、秋ごろにはみんなとドッジボールを楽しむようになり、学童の仲間にとけ込んでいきました。

指導員ってどんな人？

子どもの安全安心を守るためには、指導員の仕事はとても重要です。子どもがいない時間帯にも、保育の打合せ、子どもの情報の共有、研修、おやつの準備、おたより作成、報告書などの事務作業、など多岐に渡る仕事があります。ときには保護者との面談も。これらの仕事１つ１つが、子どもたちの生活の場としての学童保育を支えています。

2015年度から本格実施される「子ども・子育て支援新制度」の中では、学童保育の質の向上のために、指導員として都道府県の行う研修を受講した有資格者を配置しなくてはならなくなりました。これを機に、指導員の処遇が改善されることも望まれています。

実践編

21

子どもがお友だち関係でトラブル

- 小学校に入学すると増える子ども同士のトラブル。
- お互いの子どもを傷つけないことが大事。
- 担任や指導員と連絡を取り合う。

Point

小学校に入学すると、子どもたちの間にいろいろなトラブルが発生します。自己主張も強くなってきて、子ども同士がぶつかり合い、仲間はずれにされた、暴力を振るわれたなどの、いわゆる「いじめ」や「ケンカ」が起こるわけです。その場合、もちろんわが子が「被害者」となる場合だけではなく、「加害者」になる場合もあります。

親としては、わが子がそんなトラブルに巻き込まれたら、どのように対応したらいいのでしょうか。トラブルが起こったとき、担任の先生や学童保育の指導員とも連絡を取り合い、子どもたちのこれからの信頼関係を壊すことなく、解決を図りたいものです。「子ども同士のトラブル」が「親同士のトラブル」にならないためにも冷静な対応が必要でしょう。

うちの場合

トラブルは指導員さんに相談

保育園から一緒でいちばん仲よしの子のお母さんから、ある夜電話で「うちの子がお宅のお子さんにいじめられていると言うのだけど……」と言われました。寝耳に水でびっくり。とにかくその場では謝って電話を切りました。うちは学校内学童なので、学校でも学童でもずっと一緒。先生に相談するべきか、とも思いましたが、悩んだ末、指導員さんに、すぐにその場で電話しました。

「それは初耳なので、明日から学童でようすを見てみるから、お子さんには今は何も言わないように」とアドバイスいただきました。そして毎日ようすを連絡帳で教えてくれたのですが、結果、うちの子が他の子と最近仲よくしているので、それがさみしかった向こうのお子さんが、気を引こうとして嘘を言っていたことがわかりました。指導員さんに教えてもらわなければ、私は何も知らないまま息子を責めてしまうところでした。子どもたちの毎日の生活を見てくださっている指導員さんだからこそ、見守って気づいてくれたのだと思います。

その後、向こうのお母さんにも指導員さんからお話をしていただき、私たち親も子どもたちも、何事もなかったかのように、元通りの仲よしです。

うちの場合

男の子のトラブル・女の子のトラブル

上の子（男子）の担任の先生からは何度も電話がかかってきました。「女の子の髪の毛を引っぱった」「突き飛ばして友だちが壁にぶつかった」「ボールが顔にあたった」「中休みに鬼ごっこしていて下級生とぶつかった」「下校時にクラスメートとケンカになり、友だちのランドセルを放り投げた」など。たいてい、すぐそのお家に電話して謝って事なきを得るということが多かったです。その日の晩、連絡帳に謝罪と子どもの言い分などを書くと先生からコメントをいただいたり、連絡帳が担任との交換日記状態でした。

下の子（女子）は保育園から一緒だった学童の女子友だちが２人いて、いつも３人でじゃれて遊んでいました。仲よしなので自己主張もケンカも激しく、いつも三つ巴になって大声でどなりあってケンカしていたようです。指導員の先生は、最初はヒヤヒヤして仲裁に入ったそうですが、慣れてくると劇のように見物して楽しんだと笑いながら話してくれました。言いたいことを自由に言い合えて、また仲直りできる友だちは貴重だから大事にしてほしいと言われました。上級生になると、下級生の面倒をよくみてくれると指導員の先生から頼りにされるようになりました。５年生の今も仲よし３人組でよく遊んでいます。

うちの場合

突然のパンチ

学童で、ある男の子が、持っていたものを突然床にぶちまけたそうです。一緒にいた息子が何気なく拾ってあげて、その子に渡そうとしたら、飛んできたのが、その子のパンチ。左目の上くらいに、ぶつかったそうです。学童の職員の話では、息子が手を差し出したことが、攻撃されると勘違いして思わず手が出てしまったらしい、ということでした。

息子にしてみれば親切で落とした物を拾って渡そうとしただけなのに、返ってきたのがパンチだったとは。電話してきた学童の職員も、体の傷よりも心の傷が大きいかも……と言われました。相手の親御さんに（うちの）連絡先を教えていいですか？　と聞かれたのですが、お詫びされるよりも、その親がちゃんと自分の子どもと向き合ってほしいなあと思いました。

パンチした子の保護者からは「本当に申し訳ない」と直接謝罪を受けたこと、またその後は息子がその子に近づかないようにしたため、大きなトラブルはなくなったようですが、なんともいえない、後味の悪い経験でした。

実践編

22

夏休み中、
親が先に
家を出る

- 学童保育が開くまで子ども1人で待機。
- 職場から子どもに確認の電話をする。
- 友だちと誘い合って登室する。

仕事を持っている親にとって、特に気になるのが夏休み等の長期休暇の間の学童保育の開室時間です。ほとんどの学童保育が８時〜８時半からしか開いておらず、９時からという学童保育もあるようです。親の勤務時間や通勤時間にもよりますが、学童保育が開く前に親が出勤しなければならない家庭の場合、朝、子ども１人の待ち時間ができてしまうことになるわけです。

学童保育から帰ってきて子どもが留守番をする場合について**実践編18・19**で取り上げましたが、親が出かけたあと子どもが１人で過ごさなければならないのは心配ですね。決められた時間に１人でちゃんとカギを閉めて出かけられるか、寄り道をしないで時間どおりに学童保育に行けるのか、その対応策を考えておくことも必要です。

うちの場合

キッズ用の携帯電話を用意

親が先に家を出るということはフルタイムで働いている以上よくあることだと思います。うちの場合、親が７時半過ぎに家を出てから、８時に小１の娘が登校します。

夏休みの場合は学童に９時登室が決まりなので、子どもは８時55分に家を出ることになります。夏休みといっても時短でもない限り親の出る時間は同じです。

夏休みと普段の日とのいちばんの違いは、子どもが自宅を出る時間が約１時間遅くなる、つまりその１時間は家で１人になる＝時間管理を自分でするということ。そして、家を出てからは、集団登校ではなく、１人で学童に登室することになる＝道路を１人で歩いていくことになる（もちろん近くのお友だちを誘い合ってというのもあり）、ということです。

時計の読み方・見方は事前に教えたり練習したりもしました。目覚まし時計も効果的ではないかと思います。

とにかく子どもが自主的に家を出るという行動ができるか否かがカギになるかなーという印象です。登室する頃、親も始業開始前で確認の電話もなかなかできないこともありましたが、夏休みが始まったばかりのころは、毎日８時55分に電話をしていました。子どもにはキッズ用の携帯電話を用意しました。

ただし、おっとりしたキャラの子は、いくら電話しても、目覚まして時間を知らせても、玄関で支度に時間がかかるということがあります。それを見越して早めに知らせるというのも１つの作戦になります。

さらに、学校にきていない、学童に登室していないということになれば、親のほうへ無断欠席の連絡がくることになります。夏休みは特に誘惑が多いので、登室せず友だちの家に行っていたということも結構ありました。

登室するモチベーションをあげるためには、やはり前日の親子の会話、コミュニケーションが重要というのが私の結論です。

うちの場合

通勤途上で子どもに電話

夏休みは、通勤途中で、子どもが出かける時間を見計らって、毎日電話をしていました。

また、みんなが出かけた後に、１人で暇になって二度寝をされると困るので、時間のわかる情報番組などのテレビをつけたままにして出かけました。毎日なので、くどかったかもしれませんが、これは６年生になって、塾の夏期講習に通ったときも、同様にしていました。

うちの場合

初めは祖父母が送り出し

夏休みは、学童クラブは午前８時30分からで、学校より遅い時間に家を出ていました。わが家の場合、親はすでにこの時間は通勤で家にいませんでしたので、初めのうちは近所の祖父母に送り出しを頼んでいましたが、まもなく時間になったら子ども１人で、カギを閉めて出発することができるように、初めは通勤途上から電話で指示、だんだん１人でできるようになりました。

うちの場合

出勤時間の遅い家に集まって出発

夏休みは学童保育が８時45分からだったので、親の出勤が先でした。そこで家が近い３軒で相談し、その日の出勤時間が一番遅い家に集まって、そこの親と一緒に出ることにしました。日によっては、指導員より先に着いて門の前で待つこともあったようですが、３人だと安心でした。２年生の夏からは、朝は１人でのんびりしたがるようになり、テレビの夏休み特番などを見ていく日もあったようです。

実践編

23

夏休みのお弁当づくり

- 夏のお弁当づくりは衛生面に注意。
- 学童保育での保管状況にも気をつける。
- 父母会で仕出し弁当を手配する手も。

お弁当が必要なのは学校の給食がない日、つまり、春・夏・冬休み、運動会・学芸会などの振り替え休日、開校記念日、都（県）民の日などです。

特に、働く親にとって、いちばん長い夏休みのお弁当づくりは頭の痛い問題です。

夏休みのお弁当は、学童保育によっては、冷蔵庫に入れてくれるところもありますが、人数・設備によっては空調のある部屋に置いておく程度の場合もありますので、傷まない工夫が必要です。いくつかのポイントを挙げると、

①食品に手を触れない。おにぎり等もラップを使って。

②汁気、水気を極力少なく。たれ、ドレッシングは別の容器で。

③味付けは濃いめに。

④詰めるのは冷めてから。

⑤練り物、ゆでたじゃがいも、炊き込み御飯は避ける。

⑥前日に調理したものは再加熱を。

お弁当を冷却剤と一緒にクーラーバッグに入れた人もいます。

うちの場合

お友だちの家と交替でつくる

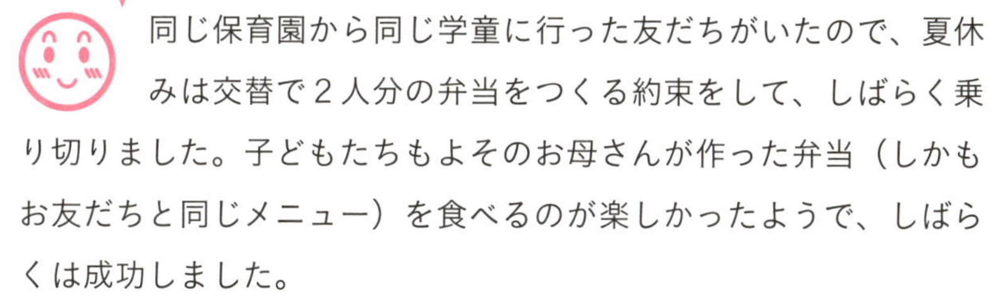

同じ保育園から同じ学童に行った友だちがいたので、夏休みは交替で２人分の弁当をつくる約束をして、しばらく乗り切りました。子どもたちもよそのお母さんが作った弁当（しかもお友だちと同じメニュー）を食べるのが楽しかったようで、しばらくは成功しました。

その後、その友だちの弟も小学生となり、この方法では回らなくなってしまいました。でも最初、毎日の弁当づくりに慣れない間は大変助かりました。

うちの場合

父母会で仕出し弁当手配

うちの学童では、毎週月曜日が仕出し弁当の日です。１回350円。あと、ハンバーガーの日が１日、手づくり昼食会１日、デイキャンプでカレーづくりの日が１日あります。すべて保護者からの要望で、保護者会の主催で行いました。各家庭が年間１回の行事を担当しますが、うちの学童は大規模で60世帯が在籍していますので、実際担当する回数は多くなく、負担はそんなに大きくないです。

うちの場合

献立は衛生面に気をつかう

夏の献立は、特に衛生面に気をつかいました。保育園の調理師さんの真似をして、使い捨てのビニール手袋を使い、火を通した後は、まな板を使わないようにしました。

多少風味は落ちるけど、野菜は切ってから茹でました。ほうれん草などは、粉末のゴマ和えの素を使うと水っぽくなりにくいので便利です。卵焼き等は、フライパンからお皿にあけて、食事用のナイフとフォークで切り分けました。果物は、包丁を使わないブドウや缶詰もよく使います。前の夜に焼いた肉を、味醂と醤油と生姜の汁に浸けて冷蔵庫に入れておくと温度が下がる間に味がしみて、朝、蒸して温めると冷めても比較的軟らかくいただけます。小鉢などのまま水を少なめに入れた鍋で蒸せば、つきっきりでなくても焦げたりしません。

冷凍食品も夏場は特に助かりました。

うちの場合

水筒も必要になり大荷物に

学童保育で辛い思い出がたくさん残っているのはこの「夏休みのお弁当づくり」です。保育園に通わせていたため、弁当なんて遠足のときくらいしかつくったことがなかったのに、毎日、しかも暑い季節にお弁当が腐ったりしないのかを心配しながら、とにかく平日は毎日つくり続けました。保冷剤をいくつか入れて、内側がアルミになっているお弁当袋（保冷機能のあるやつです）に入れて、冷凍のゼリーを入れてみたり、お弁当抗菌シートを入れてみたり。子どもには学童に行った後、暑いところには置かないよう言い聞かせていました。

小１のときは児童館で運営される学童保育だったのですが、小２からは全児童対策の「子どもスキップ」の中に学童保育が吸収され、場所も学校の中に変更されたため、湯沸し施設がなくなり、麦茶の提供がなくなって、水筒持参になってしまいました。夏場はすぐに汗をかくので、なるべく大きな水筒を用意しましたが、学校の宿題（午前中は学童でやる時間があるらしい）やプールの道具、お弁当と合わせると、小２のわが子にとっては相当な荷物となってしまい、毎朝私との口ゲンカの種になっていたことを思い出します（私もよくキレていました）。

実践編

24

保育園児と学童児がいるときの両立術

- お迎えは学童保育優先が意外にスムーズ？
- 行事のバッティングに注意、夫婦で分担。
- 下の子の宿題参戦には穏やかに対応。

Point きょうだいがいると、上の子の入学とともに、子どもの活動の場が保育園、学校、学童保育の３つに増えます。お迎え、行事のスケジュール、日々の連絡、提出物、持ち物その他、管理する事柄が増えて慣れないうちはたいへんですが、自分たちのペースやパターンができれば回って行きます。父親・母親で分担することも大切。

スケジュール管理にネットカレンダーを利用している人も多いようです。保育園、小学校、母の仕事、父の仕事など階層に分けて記入して重ねて見られ、スマホでいつでも更新できます。

うちの場合

マネジメントの達人？！

上の子と下の子の行事バッティングに気をつける必要があります。小学校の行事や保護者会の予定などは、４月に配布される年間行事予定表で１年間分を一度に把握できます。保育園と小学校の行事がバッティングしたら、夫婦で分担するなど対策を話し合いました。

また、保育園・学校・学童保育からそれぞれプリントがきますので、ファイルを分けて管理。

意外に手を焼いたのが、家で上の子の宿題を見てやろうとすると、下の子もやりたがること。しかたないので、似たノートを用意し隣で一緒にやってもらいました（マネだけです）。

うちの場合

夫の協力で乗り切る

お迎え時間の関係で、下の子を保育ママさんに預けていた間は保育ママ→学童の順で、下の子が保育園に移ってからはで学童→保育園という順でのお迎えをしていました。上の子も卒園した保育園でしたので、お迎えのときにはどうしたらいいかを知っていて、よくお手伝いをしてくれました。上の子にとっては保育園の先生の「小学生はさすがね」という言葉かけが何よりのごほうびだったのではないかと思います。

保育園、学校、学童保育のスケジュールはすべて手帳に記入して夫婦で共有。日曜日の夜に翌日からのお互いのスケジュールを確認していました。わが家の場合、私のほうが通勤時間が長く、定時に会社を出てギリギリお迎え時間に間に合うという状況だったので、夫の協力がなかったら保育園、学童期を乗り切れなかったような気がします。

うちの場合

保育園と学童のお迎え

上の子が小学１年生で学童行き始めのころや冬場早く暗くなる時期などは、１人で帰らせるのが不安でお迎えに行っていました。お迎えは午後６時半が最終。ところが、下の子の保育園のお迎えに先に行くと間に合わないことがたびたび。玄関で靴を履くのに時間がかかったり、他の友だちと遊び始めたり、私がお母さんや先生につかまってしまったり……。

一方、学童では時間になると残った子どもをさっさと玄関前に出してしまい、暗い玄関で子どもが立ちつくしていたり、１人で先に帰って行き違いになってしまったり。

そんなわけで、時間ギリギリに行動するとろくなことがないと反省。下の子の認可保育園は午後７時半までの延長保育のスポット利用ができたので、結局、保育園児を後回しにすることにしました。最短ルートは職場→保育園→学童→自宅なのに、あえて職場→学童→自宅→保育園→自宅と、行ったり来たり。

でも、学童児を優先してお迎えに行ってあげると、保育園で余裕を持って下の子に接することができました。

学童児はそのうち同じ方向の子と途中まで一緒に帰宅するようになり、また、学童から1人で習い事に出かけて自宅に戻り留守番できるようにもなりました。数か月のがまん。

といっても、帰宅したとたん、夕食だ宿題だ風呂だと家中走り回るのは相変わらずですが……。

うちの場合

サラウンド状態で話しかけられ

子どもが3人いるので、毎日サラウンド状態です。小学生のお姉ちゃんの宿題の進捗状況をチェックしていると、3歳が「ママー、お話聞いてる？」と引っぱりにくるので、対応に苦慮しています。仕方がないので、3歳を巻き込んで、「お姉ちゃんは、明日までに○○と○○をしなくちゃいけないんだって」「お姉ちゃんにどこまでできたか聞いてみようか」と3歳に話しかけて（小学生には間接話法）います。

夫が3歳児の寝かしつけ対応をしている間に、私が小学生と中学生の対応をしています。そうすると、どんどん小学生と中学生と私が夜更かしになるのがネックです。

実践編

25

習い事や塾に通いたいとき

- 平日の移動は子どものリスクになることも。
- 子どもの意欲次第。無理強いは続かない。
- 子どもの疲れ、エネルギー配分にも注意。

平日の放課後、学童保育の保育時間内に習い事をさせようとすると、学童保育を「早帰り」することになります。学童保育では習い事のための「早帰り」は認めてくれるのでしょうか。

結論から言えば、対応は一律ではありません。最近は禁止というところは少ないようですが、なんらかの制限を設けているところはあるでしょう。学童保育希望者に待機が出ているような自治体では、「出席率が低い（早帰りの頻度が高い）」子どもは「保育の必要性が低い」と判断されてしまい、継続して在籍できなくなることも起こっています。要注意です。

親が「早帰り」を申告すると、帰る時間に子どもに声をかけてくれる学童保育は多いと思いますが、実際のところ、学童保育としては子どもがバラバラに帰っていくというのは安全管理が難しくなる面があります。また、子どもにとっても１人で習い事の場所に移動したり、終わってから遅い時間に帰宅するのも、交通事故や事件に巻き込まれるリスクが増えることになります。

習い事は土日など親の仕事が休みの日にできるのがいちばんですが、平日通いたい場合は、子どもの自己管理能力を見きわめる必要があります。また、お友だちの親など、サポートしてくれる大人が見つけるという方法もあります。

うちの場合

学童は毎日連続した生活の場

入室説明会で指導員さんから「習い事もあるでしょうけれど、できるだけお休みや早退は避けてください」とお話がありました。「学童は毎日連続した生活の場です。今日の遊びの続きを明日やろうと約束したのに、実は塾で早退だった、ということになったとき、その子はみんなとの約束を破ったことになります。集団遊びの最中に早退の時間になったりすると、楽しかった遊びも中断することになります。それが続けば、その子は友だちからあてにされなくなってしまいます」

そんなこと考えたこともなかった私ははっとしました。確かにそのとおりだし、早退の子が何人もいると、指導員さんたちの保育に支障もでます。父母会でもこのことはみんなで話し合い、確認し合いました。かといってどうしても続けたい習い事もありますので、その場合は早退・欠席の日を子どもたちにしっかり自分で把握させるよう努めました。

うちの場合

なるべく土曜日に集中

次女は4歳からピアノ、小1からスイミングとヒップホップを始めました。

習い事は子どもが通いやすいことがいちばん。曜日、時間帯などが決め手になりました。わが家の場合は、なるべく土曜日に集中させました。その結果、土曜日は1日習い事になり、ハードなスケジュールですが、その間、私はたまっていた家事をすることもできるというメリットもあります。

スイミングは、土曜日の登校や外出などで休んだ場合、平日に振替になるので、その振替日は学童から送り出してもらっています。ピアノの場合は、個人の先生なので割と時間・曜日ともにフレキシブルに対応してもらっています。

学童の代わりに習い事で埋めるということをしていた長女は、勝手に稽古を休んでいたことがあとでわかりました。あくまで子どものモチベーション次第ですので、あまり無理強いせず持続できるかが、通い続けるポイントになるかと思います。

うちの場合

タクシー会社に会員登録

うちの子どもが通っていた学童では、塾や習い事に通っている子がとても多かったです。

下の子は、兄が４年生になった頃から、兄弟でテニススクールに通っていました。もちろん、その日は学童をお休みしました。タクシー会社に会員登録をして、子どもが帰宅したら電話で自宅に迎えに来てもらい、スクールまで送ってもらいました。さすがに、すべてを子どもだけというわけにはいきませんので、家からの送り出しだけは、おばあちゃんにお願いしました。帰りは、私がスクールに迎えに行きました。

うちの場合

小１は疲れている

習い事はまださせていません。入学後、子どもは学校や学童という新しい世界に慣れるだけで精いっぱいで、とても疲れているのがわかりました。今は学童を楽しんでいますし、何かよほどしたいというものが出てきたら考えようと思います。

実践編

26

学童保育に行きたくないと言われたら？

- みんな1度は行きたくないと言う。
- まずは子どもの話をよく聞いてみる。
- ささやかな願いもかなえてあげるとふっ切れる。

Point 子どもが「学童保育に行きたくない」と言ったとき、親が在宅仕事だったり、祖父母や上のきょうだいがいたりすると学童保育をやめさせてしまうこともできますが、ほとんどの人は「行ってくれないと困る」のではないでしょうか。

子どもが「行きたくない」と言ったときに気をつけたいことは、学童保育がいやだという具体的な理由があるのかどうかということです。

上級生にいじめられた、友だちとケンカしたというような理由なら、子どもの話をよく聞いてあげたり、指導員と話をしたりすることで解決する場合もあります。親が学童保育に顔を出し、子どもたちに「あの人は誰々のお母さん」と顔を覚えてもらうことが解決につながったという人もいます。

学童保育に行くことを家庭の方針として決めたなら、子どもにもそれを十分に説明しておくことが大切です。クラスには学童保育に行かない友だちもいるのですから、「なんとなく行きたくない」と親に無断で休むこともあるからです。

「クラスの友だちと遊びたいから学童に行きたくない」と言われたある母親は、自分も１日仕事を休んで子どもに学童保育を休ませ、友だちの家に遊びに行かせました。意外にそんなことで子どもも気がすんでしまうこともあります。

うちの場合

子どもの願いを聞き入れる

上の息子のときはいやだと言われ、結局２年生に上がる前に学童をやめてしまいました。しかし、当時の放課後遊びの環境、友だち関係など、すべてがよかったように思います。地域力もあり、かなり見守られて育ちました。

なので、下の末っ子（娘）を学童に通わせると私が宣言したとき、一番反対したのが上の息子です。ですが、上の息子のときと比べ、末っ子を取り巻く環境は、友だち関係も息子のときほど豊かではなく、過酷であったために、安全のために学童に籍を置くことを決めました。

それでも末っ子は5月ごろ「学童に行きたくない」と泣きました。理由を聞くと「学童に行ってないお友だちと遊びたい」と言うのです。

学童の指導員さんに聞くと、1か月欠席制度というのがあり、料金もかからず籍を置いたまま休めるというので、それを1か月限定で利用しました。そのかわり約束もしました。

①宿題はちゃんとどこかで時間をつくる。
②お兄ちゃんがいなくても留守番を（こわがらずに）する。
③家のカギの開け閉めをする、など。

上の息子が気をつかって自宅にいてくれたこともあり、約束ごとは守られたように思います。その後はもう学童に行きたくないと言わなくなりました。学童に仲よしのお友だちもできたようです。

いつも思うのは、子どもの願いはとりあえず笑っちゃうようなことだったとしても「満足するまで聞く」。これが大事なのかなーと思います。

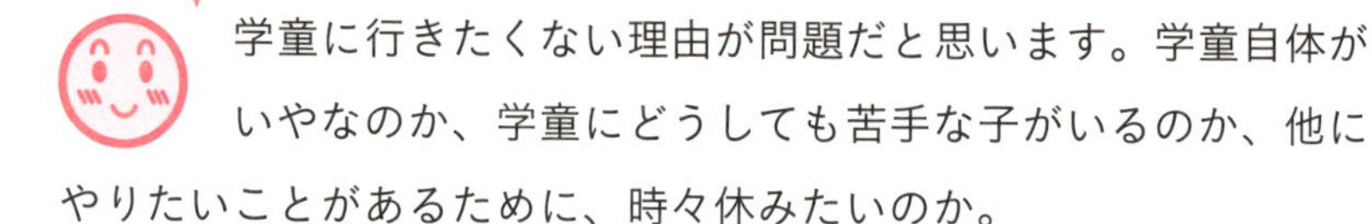

学童に行きたくない理由

学童に行きたくない理由が問題だと思います。学童自体がいやなのか、学童にどうしても苦手な子がいるのか、他にやりたいことがあるために、時々休みたいのか。

わが家の子どもたちの理由は、
①友だちの家やみんなが集まる公園に遊びに行きたい。
②児童館併設だったので、学童は休んで一般利用したい。

③家でやりたいことがある。
④疲れるので休みたい。お昼寝がしたい。
⑤友だちが、習い事などで決まった曜日に休んだり、早退するのがうらやましい。
⑥なんとなく休みたい気分。

などで、大人からすると「そんな理由？」というようなものが多かったです。

幸い、わが家では学童そのものがいやだという子はいなかったので、理由を聞いて、「行先をはっきりさせる。夕方は5時になったら帰る」などの約束事をして、お休みしながらガス抜きをして、学童には3年生の最後まで通いました。

ただし、あまり休んでしまうと出席率が下がり、翌年度に入れないと困るので、子どもにも理由を説明して、1年生～2年生のうちは休みは控えめにしました。

実践編

27

子どもが病気やケガのときは？

- 学校・学童保育には緊急連絡先を明確に知らせる。
- 学校でのケガには災害共済給付がある。
- 学童保育には休める場所がないことも。

Point 学校で子どもが病気やケガをしたときは、まず養護教諭がみてくれます。病状が軽い場合や小さなケガについては、保健室の薬を飲ませてくれたりベッドで休ませてくれたりするので安心です。保健室で休んだ場合は、担任から保護者に報告があるのが普通です。

熱が高かったり、骨折や縫うほどの切り傷など重傷で、保健室では対応ができない場合、養護教諭から親に電話が入ります。親が社外に出がちな職場の場合は携帯電話などの連絡が確実な番号を必ず学校に知らせておく必要があります。

なお、学校でケガをした場合は「日本スポーツ振興センター」から災害共済給付金が給付されます。

学童保育では、異年齢の子どもが集団で過ごしているのでケガは絶えないものです。小さな擦り傷や切り傷、打撲などは学童保育内にある治療薬で指導員が手当てをしてくれます。その後、親のお迎えのときや連絡ノートなどでケガが起こったときの状況や経過を知らせてくれます。病気の場合は、症状が軽ければ学童保育で休ませてくれますが、静かに休む場所のない学童保育もありますし、学校のように養護教諭もいませんので、子どもがしんどそうなときは保護者に連絡がきます。

うちの場合

軽いときは1人で留守番も

病院に連れていく必要のあるときや、辛そうなときは、保育園時代と同様に休暇を取りました。それ以外のときは、初めのうちは近くにいる祖母に来てもらっていました。そのうち、症状が軽いときは、お弁当を用意したり食事を届けてもらえば、子どもだけで1日留守番ができるようになりました。

朝の状況での判断がポイントですが、学校に行くまでは回復していないけれども、1日休んで体調を整えたい時や、感染症の回復期などは本人と相談して、1人で過ごしてもらいました。

うちの場合

指導員が付き添って救急車で搬送

学童で病気、ケガをした場合、看護師、養護教諭はいません。学校と学童が同じ敷地内の場合は交流があり、養護教諭の先生にみてもらうこともできますが、離れていたら指導員だけが頼りです。

もっとも、病気の場合は前兆があるので多くの場合、学校で体調不良が見つかるかと思います。しかし、急な発熱などの場合は指導員から保護者に電話が入ることになります。

ケガの場合も同様、保護者に電話連絡と平行して緊急を要する場合は救急車を手配、1人付き添わなくてはならないため、保護者が同乗できなければ、指導員の方が付き添います。応急処置の場合は学童の中での対応になるかと思います。

息子の場合は、学童で大けがをして救急車で搬送されました。指導員の先生が付き添ってくれました。親は連絡を受けてあとから病院へ向かいました。今ではその傷もすっかり薄くなり、何かと話のネタになっています。

うちの場合

脳しんとうで入院

学童では（保育園時代と比較すると）病気よりはケガが多かったです。しかもうちの子、学童の外階段の手すりをおしり（？）で滑り降りる遊びをしていて、バランス崩してコンクリートで頭を打ち、脳しんとうで入院するという大ケガをしました。その日、たまたま私が体調悪く会社を早退して、家に帰る途中で息子を迎えに行ったら、息子が黙って頭を冷やしていました。学童の職員から事情を説明されて、帰宅途中、息子が急に「気持ち悪い」と言い出し、嫌な予感がしてタクシーでそのまま救命救急センターへ。病院でＣＴやＭＲＩを撮り、「脳しんとう後症候群」との診断がついて、そのまま緊急入院することに。私もそのまま泊まり込みました。

息子は点滴をされて一晩昏々と眠り、このままこの子は寝たきりなのかしらと一睡もできませんでした。ところが翌朝には何事もなかったかのように、ベッドから起き上がり、午後には退院できました（学校や学童はしばらく休んだけど）。子育てしていて生きた心地がしなかった一番の出来事です。

実践編

28

学級閉鎖のとき学童保育は？

- 閉鎖されたクラス・学年の子どもは自宅待機が原則。
- それ以外の子どもは学童保育を利用できる。
- 仕事を休めないときは人に頼む。

Point　インフルエンザなどで学級閉鎖が実施されるのは、感染の拡大を防ぐという意味があります。そのため、たとえ本人に症状が出ていなくても、学級閉鎖されたクラスなり学年なりの子どもが学童保育で集団生活をしていると、学校としては学級閉鎖した意味が希薄になってしまうということで、学童保育にも厳しい対応を求めることが多いようです。

このため、学級閉鎖されたクラス・学年の子どもは自宅待機するのが原則とされ、元気でも学童保育にもきてはいけないという決まりになっているところが多いでしょう。

自治体や施設によって基準は違っています。施設によっては「原則閉鎖だけれども困ったら相談してください」と言ってくれて、どうしても仕事を休めない家庭に対応しているところもありました。公設の学童保育でも、学級閉鎖になってしまった子どものために、朝から開けてくれていたという話もありますが、そのような施設は多数派ではないと思います。

働いている親としては、子どもが元気なのに仕事に行けないというのは、納得しがたいものがありますね。ただ学級閉鎖はそうそう頻繁にあるものではないので、なってしまったら腹をくくって仕事をお休みし、突然訪れた親子の時間を楽しむように気持ちを転換したほうがよいかも。仕事を休めない場合は、祖父母、ベビーシッター、ファミリーサポートセンターなどにお願いする、あるいは可能な年齢であれば子どもにお留守番をしてもらうということもできます。

うちの場合

どうしても無理なら見てくれる

公設公営の学童ですが、朝から開所してくれていました。ただし「できるだけ自宅での保育をお願いしたい。子ど

もが元気で、どうしても自宅での保育が困難な場合は受け入れる」というスタンスでした。常勤指導員は朝９時ごろから勤務していますので、そのような対応はわりとしやすいのかもしれません。

うちの場合

学童に行けないのは閉鎖になったクラスだけ

学級閉鎖は、あくまでも、そのクラスだけの閉鎖ですから、基本的に学童保育は開いているし、閉鎖されたクラスでなければ、学校終了後、学童保育に行くことは可能です。家庭としては、そういう時期に、地域もしくは学校の子どもが集まるところへ行くかどうかだと思います。うちは、感染のリスクを避けるため、１人で留守番することを前提に、本人が希望しない限りは学童を休む方向で考えました。

うちの場合

感染を防ぐ苦肉の策

わが子が通っているクラブで（公設民営で父母会が運営しています）では、昨年度は朝から開所して閉鎖学級の児童を受け入れていたそうです。

わが子が元気であれば開所してくれたら助かるけれど、インフルエンザの潜伏期間に入っていたら迷惑？　それともお互い様なのか？　そもそも学級閉鎖時に外に出歩いてよいのだろうか？　と悩ましいです。

その後、父母会（運営者）の定例会で話し合って決定したのは、要望があれば朝から開所して閉鎖学級の児童を受け入れる、という方針でした。ただし、それ以外の児童が登所してくる時間帯（午後２時ごろ）の前に帰宅させる、というやり方でした。つまり、時間帯を分けて受け入れることにより、感染を防ぐということだそうです。２時に帰宅させられ、７時ごろまで１人で留守番する子がいたら、ちょっと大変かもしれせんし、これがベストな方法かどうかはわかりませんが、とりあえず今年度はこれでいこう、ということになりました。

うちの場合

不在中に学校から連絡が

突然、学級閉鎖が決まってあわてました。その日は、どうしても午後には出社する必要がありました。子どもは１年生で１日留守番は無理なので、午前中のうちに隣県の妹の家に連れて行きました。その日、帰宅すると、留守番電話に学校からの連絡が入っていました。症状が出ていないかの確認ということでしたが、学級閉鎖のときは家で自宅待機するのが原則なので、家にいなかったのはなんとなくばつが悪かったです。

実践編

29

学童保育の父母会って？

- 父母会は親同士のつながりをつくる大切な場。
- 困ったときに親同士が連携する役割も。
- 負担になりすぎないようにして活動の継続を。

Point 学童保育の父母会のあり方はさまざまですが、最近は、学童保育の公設民営化や全児童対策化によって父母会の組織率が低下しているようです。忙しいので、父母会がないほうがいいと考える人もいるかもしれません。

でも、父母会は子どもたちの生活環境を左右する重要な役割をもっています。指導員と連携して子どもたちの生活がより充実したものとなるように考える役割、働く親同士、悩みを出し合い支え合える場となる役割もあります。

父母会がないと、困ったことが起きたときに、親同士が問題を共有することも、解決のために連携することもできません。活動が負担にならないように工夫をしながら、父母会活動を継続する必要があります。

うちの場合

行事の準備や運営を分担

私の子どもが通っていた学童クラブは保護者会があり、役員は２年生の親から選出することになっていました。「ゲーム大会」「子ども縁日」「もちつき大会」などの行事を職員や地域の団体と共同で行い、それぞれで準備から運営まで分担しました。保護者会費のほとんどは行事のときに子どもに配るお土産代に使っていました。行事前には学童の指導員・職員と打ち合わせ、当日までに買い物の必要があるものはそろえ、当日準備といった流れで、負担は多くなかったです。

うちの場合

保護者が運営の主体となる学童保育

息子の通う学童は、今年で開設30年になります。小学校長・ＰＴＡ会長・民生委員・保護者会役員会等からなる運営委員会運営で、実務はすべて、保護者会役員が担っています。
年間数百万円の予算を預かり、指導員の採用、現預金の管理、給与計算から役所に提出する書類の作成に至るまで、役員の業務は山のようにあり、父母会役員を引き受けた当初は、本業とのダブルワークにヘロヘロになっていました。
“保護者”の立場なら、要望やクレームを出せばそれば終わりですが、“運営する側”に立つと、問題を実際に一つずつ解決していかなければなりません。月1回、平日の夜開く役員会は、終わるのが夜10時近くになることもありました。
「保護者会主催行事は負担になるから減らしたい」という声もありますが、役員経験者が皆「大変だけどやってよかった」と言うのは、思いを形にしていく手ごたえを感じたからでしょう。

うちの場合

みんなで達成したこと

6年生の障害のあるA君の卒業と卒室が間近に迫っていました（要支援の子どもは6年生までいられます）。彼はずっと親御さんがお迎えにきていたので1人で帰ったことがありません。指導員さんから、子どもたちと私たち父母会に「このままでは中学になっても彼は1人で登下校ができない、彼の自立のために協力をお願いしたい」とお話がありました。
作戦はこうです。学童から彼の家までの間の数メートルおきに、子どもたちと仕事の都合のつく親たちがそっと隠れる→A君が自分の前を無事通り過ぎたらOKマークを回す→A君に何かあったらすぐ助けを出す。
これを繰り返して、数週間後、無事、A君はお母さんが待つ家に1人で帰りつくことができました。お母さんも、そしてそれを見守っていた親たちも大泣き。子どもたちは大喜び。普段から指導員さんとの信頼関係も厚く、団結の強い父母会だったからこそ、Ａ君のお母さんもみんなを信じてじっと待っていてくれたのでしょう。その後Ａ君はしっかり自分の足で中学校に通うことができました。

うちの場合

保護者会の連合会会長になって

留守番のできない娘が「４年生になったら学童保育に行けなくなるの？　じゃあ私はどうしたらいいの？」と私に言ってきたとき、私の学童保育運動へのかかわりが始まりました。私は学童保育連合会の会長になって市側に要望する機会にも恵まれました。市長、担当部局の職員、保護者の話し合いが継続的に行われて、最初は４年生の春休みだけ、次は夏休みも、最終的には通年で受け入れられることが決まりました。保護者のアンケートを実施したり、議員さんに制度情報を教えてもらったり、粘り強い活動が実り、自分たちの手で地域をよくしたいという思いが形になったのでした（現在、国の制度は４年生以上の利用も認められるように改善されています）。

実践編

30

学童保育を卒業するとき、させられるとき

- 6年生までの学童保育でも低学年優先となる。
- どうするかは子どもの希望を聞いて相談する。
- 夏休みがなんとかなれば少し安心。

Point 学童保育（放課後児童クラブ）の国の制度は、2015年度から６年生までが対象となりましたが、待機児童がいるなどの地域の事情によっては受け入れなくてもいいことになっています。2012年の調査では３年生までの学童保育が４割弱ありました。４年生になると学校でクラブ活動も始まり、学校にいる時間が長くなるのですが、それでも毎日２～４時間程度の「空白時間」を子どもが安全にきちんと生活できるかどうか、親としてはやっぱり心配です。なんと言っても夏休みなどの長期休みはどうするのか、が最大の悩みになります。

また、学童保育は、低学年が優先なので、待機児童がいると実質的に１～２年生が対象になっているという学童保育もあります。例年は希望者全員が継続できる学童保育でも、急に新１年生の希望者が増え、新３年生が入れなくなったという話も聞きます。

放課後の親のいない時間の過ごし方を本人に任せても大丈夫かどうかは、子どもの年齢や性格によって大きく違ってきます。

どこでどのように過ごすか、子どもの希望を聞いてあげることはもちろん大切ですが、同時に、子どもの能力や地域の状態、お友だちの動向など、親が情報を集めて客観的に判断することも必要でしょう。学区域に児童館があれば、そこを利用することもできます。また、スイミングクラブやサッカークラブなどの習い事、塾などに通わせた、という人も多いようです。やりたくないことに通わされるのは、子どもにとって苦痛の時間をつくるだけですので、子どもともよく相談して決めたほうがいいでしょう。

うちの場合

子どもの希望を聞く

わが子の通う学童クラブは４年生まで在籍できます。これまで６時まで指導員、職員の目があったのが、学童クラブ

を卒業すると、下校時からだれの監視下にも置かれず、やはり不安を感じました。

子どもと話し合いをし、塾や算数教室には関心がなく、関心のある科学教室に通うことにしました。それでも週に４日はフリー。子どもは友だちと約束したり、テレビを見たり、宿題をしたり、それなりに過ごしているようです。最近は父のパソコンを起動してグーグルやどこかのＨＰなどを見ているようです。これも不安材料ではありますが、変なところはクリックしない、インターネットには恐ろしいトラブルがあることを教えています。フィルタリングはいずれ必要かと考えています。

うちの場合

家に帰ると風呂とご飯

うちの区は学童クラブには定員があり、低学年が優先です。うちの最寄りの学童クラブは規模が小さく、２つの小学校から子どもが通っているため４年生はよほど空きがないと入れない状態でした。案の定３年の終わりで退室となりました。

高学年になると留守番の時間は短くなります。授業はたいてい６時間目まで。帰宅は４時半頃になります。それでも、「友だちは毎日塾や習い事でいつも遊べないー」とよく文句を言われましたが、仕方がないですね。

水曜日は学校が早く終わるので、クラスの友だちとしめし合わせて習い事を入れず、公園で鬼ごっこやＤＳやかくれんぼをして暗くなるまで遊んでいました。６時半から自分で風呂を入れて、ご飯を炊いて、留守番して待ってもらっています（私が家に帰ると、風呂が沸いていて、ご飯が炊けています♪）。

夏休み中はどうしてもダラダラ過ごしてしまうので、親が出かけるときにあわせて子どもも図書館に送り出し、昼まで図書館で過ごさせる、学校のプールに必ず行かせる、など工夫が必要です。夏期講習や夏季キャンプに3～4日行かせたこともあります。

うちの場合

長期休暇中だけの利用は助かる

うちの市は、2015年度から学童保育の対象が小学校6年生までになります。今まで、支援学級の子どもは小6まで、その他の子どもは小3まででした。

夏休みだけの利用とかも可能とか。学年が上がると、長期休暇中さえなんとかなればやっていける子どもも多いと思うので、とてもよくなったと思います。

私の知り合いには、出身保育園が「小学生のボランティア」ということで夏休み中の卒園児を受け入れてくれて、保育士さんのお手伝いをしつつ、宿題をする時間もあり、給食もいただいたという人がいました。

実践編

31

元・学童保育児に聞いた「今だから言える」

- 楽しかったこともつらかったこともある。
- やがて自由を求めて自立していく。
- 成長とともに感想は変わる。

親の思いはそれぞれあるけれども、子ども自身はどう思っているのでしょう。最後に、子どもたちに聞いてみました。「小１のカベ」は家族全体の問題。乗り越えるためには、何よりも子どもの理解と協力が必要であることを肝に銘じながら、最終節をお送りします。

Q 入学したときのこと覚えている？

A 小学校に入学する前の３月31日に学童保育に行って、そこで初めて会った友だちとすぐに仲よくなることができました。その友だちとは学校でも同じクラスになったので、うれしかった。私が人見知りをしない性格になれたのは、保育園や学童保育に行っていたおかげだと思います。（社会人１年生・女子）

Q 学童保育はどうだった？

A 楽しかったよ。たくさん遊べたから。児童館にあった学童クラブは、小学校の校庭で遊べなくてつまらないときもあったけど、おもちゃもたくさんあったし、ドッジボールもできたから楽しかった。児童館にくる学童クラブに登録していない友だちとも普通に遊べたし。

学童クラブが全児童対策になって小学校に引っ越してからは、学童保育の子じゃない子たちとも遊べて、それもよかったかな。小学校の体育館にも行けたし。（高校１年生・男子）

A おやつが少なかった。上級生とやったカタキ（個人戦でボールを投げあう球技）やドッチボールが楽しかった。マンガがたくさん読めてよかった。先生（指導員）がこわかった。（中学１年生・男子）

A 楽しかったことしか覚えてない。どろけい、エスケン。学校内学童だったので、校庭で遊べたのがよかった。まりつきも好きだった。学童で認定試験みたいなのがあって、自分は「プロフェッショナル」で、新入生とかにも教えてた。行きたくないと思ったことは一度もなかった。行けば必ず友だちと遊べるし、遊ぶ場所も遊ぶ友だちも事欠かなかったから。（高校1年生・男子）

Q 学童保育で困ったことってあった？

A 別に何もなかった。３年生のときに女子の仲よしグループが２つに分かれて雰囲気悪くなったりして面倒だった。（小学校４年生・女子）

A トイレ！　児童館内に学童クラブがあったときにはすぐ近くにトイレがあったんだけど、全児童対策になって小学校の中に引っ越したら、学童クラブのトイレがなかった。スリッパに履き替えて校舎の中のトイレに行くんだけど、間に合わなくて、うんち漏らした子もいた。

　あと雨の日は嫌だった。全児童対策になってからは、学童クラブのスペースはあったけどロッカーで仕切ってただけだから、雨の日は遊ぶスペースに学童クラブ以外の子どももたくさん来ちゃって、たいへんだった。混雑して、うるさくて職員の声が聞こえないくらいだった。宿題？　できるわけないじゃん。

あと、クラスの友だちの家にいけなかったことは嫌だった。みんな約束して行き来してたけど、俺、学童クラブにいたから、行けなかったから。（高校１年生・男子）

Q 学童保育を卒業したときは？

A 学童保育では、上下の学年とも遊んでいたから、校内で顔が広くなってよかった。４年生で学童保育を卒業したとき？　BOP（全児童対策）の中に学童保育があったから、学童保育を出ても、おやつはなくなったけれど、BOP でまた同じように遊んでた。（大学３年生・男子）

A ４年生で卒業のときの不安？　全然。帰ったらおやつが置いてあって、ぼーっとしてるうちに母ちゃんが帰ってくるから、それで十分だった。むしろ、１人の時間がほしかった。（高校１年生・男子）

A 私はとにかく１人がこわくて留守番はできなかった。１人ぼっちが苦手でした。学童保育は４年生までだったのですが、定員に空きがあったので６年生まで学童保育に通えました。でも高学年になると低学年の面倒をみなければならないのが嫌でした。それでときどき、学童保育をやめた友だちと外で遊ぶようになって学童保育にはあまり行かなくなりました。（社会人１年生・女子）

Q 親が家にいないことはどうだった？

A お母さんが家にいる友だちの家みたいに、家の中がいつもきれいで手作りごはんがならんでいる家じゃなかった。でも、子どもなりにママはやりたいことをやっていると理解してました。職場に連れて行ってもらったこともあるので。

よかったこと？　私に何かあったら仕事を休んで看病してくれたのをよく覚えています。いつも家にいないので「勉強はしたの？」とかうるさく言われなかったのがよかったと思います。

昔は専業主婦がよいと思っていましたが、今は共働きは絶対必要だと考えが変わりました。ママを見ていたからか、私は絶対専業主婦にはなりません。自分のお金は自分で稼ぎます。（社会人１年生・女子）

あとがき

「保育園を考える親の会」は、保育園に子どもを預けて働く親のネットワークです。1983年に創会され、時代の流れとともに世代が入れ替わりながら、働く親の仕事と子育ての両立を支え合う活動をしてきました。

そんな中で、何よりみんなの役に立っているのが、少し先を行く先輩たちの体験です。問題を乗り越えるノウハウや情報はもちろん、「いろいろあるけど大丈夫」と笑う先輩ママ＆パパたちのたくましさが、パワーをくれるのです。

小学校入学は、働く親にとって確かに１つのカベです。でも大丈夫。「親の会」の先輩たちはみんな乗り越えてきました。そんな「親の会」の知恵と体験とパワーを結集した本書が、これからチャレンジする方、チャレンジ中の方のカベ克服の大きな力となるはずです。

本書を片手に、焦らず、ひるまず、子どもに寄り添いながら、小学校生活へと発進してください。

保育園を考える親の会 代表　普光院亜紀

小１のカベプロジェクトチーム（50音順）

安藤典子	石綿香代子	大津陽子	大野晴子
木内　歩	菊地信吾	葛谷悦子	司城未央
島　由美	下田尚子	高橋貴子	竹下美穂
太宰麻美子	服部玲香	馬場貴子	廣木理英
樋渡俊江	普光院亜紀	別当律子	三浦清美
村上高子	本橋由紀	矢野豊子	渡邉佳奈子

カバーデザイン　渡邊民人（タイプフェイス）
組版DTP　小林麻実（タイプフェイス）
カバー・本文イラスト　坂木浩子（ぽるか）

「小１のカベ」に勝つ
学童保育、習い事、宿題、遊び、
働く親の抱える放課後のあらゆる「困った」に答えます！

2015年3月20日　初版第1刷発行　〈検印省略〉

編著者 ――保育園を考える親の会
発行者 ――池澤徹也

発行所 ――株式会社　実務教育出版
〒163-8671　東京都新宿区新宿1-1-12
☎（編集）03-3355-1812　（販売）03-3355-1951
（振替）00160-0-78270
印刷――精興社
製本――東京美術紙工

ISBN 978-4-7889-1486-5 C0037 Printed in Japan